Bun go Barr

3

✓CJFallon

Foilsithe ag
CJ Fallon
Bloc B - Urlár na Talún
Campas Oifige Gleann na Life
Baile Átha Cliath 22

An Chéad Eagrán Bealtaine 2008

An tEagrán seo Meán Fómhair 2010

Táimid buíoch don fhoilsitheoir An Gúm agus do na filí, Gabriel Rosenstock agus Brian Ó Baoill, a thug cead dánta dá gcuid a athfhoilsiú.

Ealaíontóir: Jon Anthony Donohoe

Clár

Na Siombailí

Faightear na siombailí seo a leanas i dtús gach gníomhaíochta sa leabhar.
Is í príomhaidhm na siombaile ná lámh chuidithe a thabhairt do mhúinteoirí,
do pháistí agus do thuismitheoirí uile.

 Caint agus comhrá / Foclóir breise

 Cúpla ceist / Ceisteanna

 Nathanna cainte

 Scríbhneoireacht

 Gníomhaíochtaí

 Gramadach

 Léitheoireacht

 Dánta

Nótaí don Oide

Nuachúrsa Gaeilge don bhunscoil is ea **Bun go Barr** ina bhfuil tús áite ag taitneamh, tuiscint agus teanga. Tá deich gcinn de théamaí a bhfuil baint acu le saol an pháiste luaite sa churaclam. Is ar na téamaí sin atá na haonaid sna leabhair bunaithe:

- Mé Féin
- Bia
- Sa Bhaile
- An Teilifís
- An Scoil

- Éadaí
- Caitheamh Aimsire
- Siopadóireacht
- An Aimsir
- Ócáidí Speisialta

Tá éisteacht, labhairt, léitheoireacht, scríbhneoireacht, drámaíocht, filíocht agus gníomhaíochtaí fite fuaite i ngach ceacht. Déantar athdhéanamh stráitéiseach sa cheacht *Súil Siar* i ngach cúigiú haonad. Tá na heilimintí seo a leanas i ngach ceacht.

Pictiúr Tá pictiúir agus fophictiúir bunaithe ar shaol an pháiste i ngach aonad. Ócáid chainte is ea gach pictiúr. Is féidir leis an múinteoir agus na páistí ceisteanna a chur ar a chéile agus iad a fhreagairt. As seo, fásann forbairt foclóra agus tuiscint. Leagann an comhrá seo an bhunchloch don scéal.

Scéal Tá an ceacht léitheoireachta bunaithe ar na pictiúir agus na fophictiúir. Is minic a bhíonn agallamh nó comhrá mar chuid den scéal agus ba chóir, mar sin, dráma beag a dhéanamh as gach ceacht.

Cúpla Ceist Tá ceisteanna simplí bunaithe ar gach scéal agus tugann sé seo seans do na páistí a dtuiscint ar an scéal a léiriú. Ba chóir na ceisteanna a fhreagairt ó bhéal ar dtús agus ansin iad a scríobh. Go minic, tugtar an briathar do na páistí chun cuidiú leo.

Nathanna Múintear na nathanna nua mar chuid den cheacht. Cuirtear an-bhéim ar na nathanna cainte agus na frásaí a úsáidtear go nádúrtha i ngnáthchaint na bpáistí. Ba chóir do na leanaí agus don mhúinteoir na nathanna céanna a úsáid go rialta i rith an lae.

Scríbhneoireacht Cuirtear béim faoi leith ar na briathra mar bhunchloch na habairte. Ba chóir do na páistí an foclóir nua (ainmfhocail, briathra, nathanna srl.) a úsáid agus iad ag cumadh abairtí. Úsáidtear abairtí measctha agus iomlánú abairtí chun an scríbhneoireacht a fhorbairt.

Gramadach Tugann na ceachtanna gramadaí rialacha agus struchtúir do na leanaí a chuideoidh leo tuiscint a fháil ar an nGaeilge. De ghnáth, bíonn an ceacht gramadaí ar an gcúigiú leathanach de gach aonad.

Gníomhaíocht Críochnaíonn gach ceacht le cleachtaí breise, cluichí, filíocht nó foclóir breise. Tugann siad seo taitneamh agus tuiscint ar an nGaeilge do na páistí.

Drámaíocht Cuidíonn an drámaíocht leis na páistí taitneamh agus tuiscint ar an nGaeilge a fhorbairt trí chaidreamh sóisialta. Tugtar deis dóibh an Ghaeilge neamhfhoirmiúil agus na nathanna a mhúintear sa cheacht a úsáid i gcomhthéacsanna éagsúla.

1. Dia Duit!

pictiúr

clog

Rang 3

póstaer

clár dubh

cófra

glantóir

cailc

teasaire

stól

bord

leabhar

Aoife   Brian   Niall   Eimear   Tomás   Cáit

léarscáil

fuinneog

vás

seilf

clár bán

scuabanna

cruinneog

bosca bruscair

doirteal

bord dúlra

ríomhaire

cóipleabhar

leabharlann

Gordó

Siobhán Colm Dónal Rossa Neasa Clíona Séimí

 **Dia duit!**

Bhí Neasa i rang a trí.
Bhí buachaill nua sa rang.

Shuigh an buachaill nua in aice le Neasa.
Thosaigh Neasa ag caint leis.

Neasa	Dia duit.
Dónal	Dia's Muire duit.
Neasa	Conas tá tú?
Dónal	Táim go maith, go raibh maith agat.
Neasa	Cad is ainm duit?
Dónal	Dónal de Barra is ainm dom.
Neasa	Cén aois thú?
Dónal	Táim ocht mbliana d'aois.
Neasa	Cá bhfuil tú i do chónaí?
Dónal	Táim i mo chónaí i Sráid na Long.
Neasa	Cé mhéad duine i do chlann?
Dónal	Tá ceathrar i mo chlann.
Neasa	Cén rang ina bhfuil tú?
Dónal	Stop! Cad é seo? Fiche ceist?

B

An bhfuil tú...?

Táim...   **Nílim...**

An bhfuil tú i rang a trí?   An bhfuil tú i rang a cúig?
Táim i rang a trí.   Nílim i rang a cúig.

An bhfuil tú i Scoil na Laoch?   An bhfuil tú i Scoil na Naomh?
Táim i Scoil na Laoch.   Nílim i Scoil na Naomh.

Tá + mé = Táim   Níl + mé = Nílim

1. An bhfuil tú i rang a trí?   _____ i rang a trí.
2. An bhfuil tú i rang a ceathair?   _____ i rang a ceathair.
3. An bhfuil tú ocht mbliana d'aois?   _____ ocht mbliana d'aois.
4. An bhfuil tú naoi mbliana d'aois?   _____ naoi mbliana d'aois.
5. An bhfuil tú ar scoil?   _____ ar scoil.
6. An bhfuil tú sa bhaile?   _____ sa bhaile.

C   Seo leat   **Cad is ainm duit?**

Rossa is ainm dom.

Clíona is ainm dom.

Brian is ainm dom.

Gordó is ainm dom.

D  **Cén aois thú?**

Táim seacht mbliana d'aois.

Táim ocht mbliana d'aois.

Táim naoi mbliana d'aois.

Táim deich mbliana d'aois.

E **Cá bhfuil tú i do chónaí?**

Neasa   Táim i mo chónaí i Sráid na Siopaí.

Dónal   Táim i mo chónaí i Sráid na Long.

Múinteoir   Táim i mo chónaí i nDún Droma.

F **Cé mhéad duine i do chlann?**

 duine

 seisear

 beirt

 seachtar

triúr

ochtar

ceathrar

naonúr

 cúigear

 deichniúr

G 📖 Mise, mé féin

Neasa Ní Laoi is ainm dom.

Táim ocht mbliana d'aois.

Táim i mo chónaí i Sráid na Siopaí.

Táim i Scoil na Laoch.

Táim i rang a trí.

H 📐 Tusa

Tarraing pictiúr.

Cad is ainm duit?

_____ is ainm dom.

Cén aois thú?

Táim _____ mbliana d'aois.

Cén rang ina bhfuil tú?

Táim i rang a _____

Cén scoil ina bhfuil tú?

Táim i Scoil _____

Cá bhfuil tú i do chónaí?

Táim i mo chónaí i _____

Cé mhéad duine i do chlann? _____

2. Brioscaí

1. Bhí Mamaí sa chistin.
2. Ghlaoigh sí ar na páistí.
3. Thóg sí paicéad brioscaí as an gcófra.
4. D'oscail sí an paicéad.
5. Tháinig na páistí isteach sa chistin.
6. 'Bú!' arsa na páistí. Léim Mamaí.
7. Thit na brioscaí ar an urlár.
8. Shuigh Mamaí síos ag an mbord.

9 Bhí Gordó ina chodladh. Dhúisigh sé.

10 Is maith liom brioscaí.

D'ith Gordó na brioscaí.

11 Thóg Neasa paicéad brioscaí nua as an gcófra.

12 Thug Neasa cupán tae do Mhamaí.

13 An bhfuil tú ceart go leor?

Ó, táim.

D'ól Mamaí an cupán tae.

14 Ansin, scuab Rossa an t-urlár.

15 Thosaigh Gordó ag tafann. Thosaigh Mamaí agus na páistí ag gáire.

9

A ❓ Cúpla ceist

1. Cá raibh Mamaí?

   Bhí _____

2. Cá raibh na brioscaí?

   Bhí _____

3. Cé a tháinig isteach sa chistin?

   Tháinig _____

4. Cad a thit ar an urlár?

   Thit _____

5. Cé a d'ith na brioscaí?

   D'ith _____

6. Cé a scuab an t-urlár?

   Scuab _____

B Cad a tharla?

| scuab | peann | subh | brioscaí | cupán | liathróid | cóipleabhar |

1. Thit na brioscaí ar an urlár.

2. Thit an _____ ar an mbord.

3. Thit an _____ ar an urlár.

4. Thit an _____ ar an talamh.

5. Thit an _____ ar an _____

6. Thit an _____ ar an _____

7. Thit an _____ ar an _____

C **An bhfuil tú ceart go leor?   Táim. / Nílim.**

D Athscríobh na habairtí.

1. Mamaí   na páistí   ar   inné   Ghlaoigh

_____

2. Gordó   sa chistin   Tháinig   isteach

_____

3. paicéad brioscaí   Thug   Rossa   do Mhamaí

_____

4. agus   Rossa   ag gáire   Neasa   Thosaigh

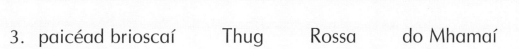

_____

5. na brioscaí   D'ith   sa chistin   an múinteoir

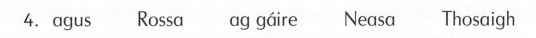

_____

6. na páistí   Shuigh   ag an mbord   inné   síos

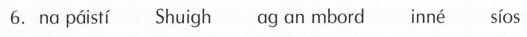

_____

E

An maith leat?

Is maith liom   Ní maith liom

An maith leat brioscaí?

Is maith liom brioscaí.   Ní maith liom brioscaí.

An maith leat uachtar reoite?

An maith leat ispíní?

An maith leat cabáiste?

An maith leat cóc?

An maith leat sceallóga?

An maith leat bananaí?

 Líon na bearnaí.

1. 'Is maith liom 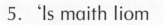 _____,' arsa Colm.

2. 'Ní maith liom _____,' arsa Rossa.

3. 'Is maith liom _____,' arsa Neasa.

4. 'Ní maith liom _____,' arsa Niall.

5. 'Is maith liom 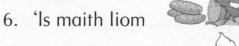 _____,' arsa Clíona.

6. 'Is maith liom _____,' arsa Gordó.

7. 'Is maith liom _____,' arsa Séimí.

 An maith leat…?

Is maith liom _____ agus _____ agus _____

Ní maith liom _____ ná _____ ná _____

F Dathanna

| buí | oráiste | glas | gorm | dubh | bán | corcra | donn | dearg | liath |

1. Cén dath atá ar oráiste?   Tá dath oráiste ar oráiste.

2. Cén dath atá ar úll?   Tá dath _____ ar úll.

3. Cén dath atá ar leitís?

   Tá dath _____

4. Cén dath atá ar arán?

   _____

5. Cén dath atá ar na brioscaí?

   _____

6. Cén dath atá ar bhanana?

   _____

G Bia! Bia! Bia!
Dathaigh gach bia.

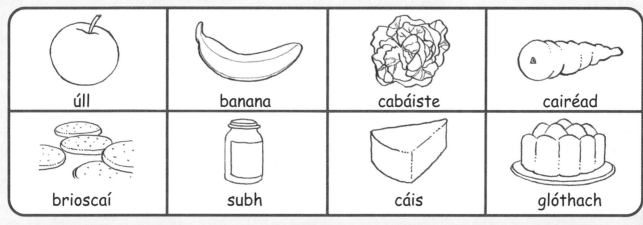

| úll | banana | cabáiste | cairéad |
| brioscaí | subh | cáis | glóthach |

3. Cá bhfuil Gordó?

1

Bhí Neasa agus Clíona ag súgradh sa ghairdín.

2

conchró

Bhí Séimí sa ghairdín freisin.
Ní raibh Gordó, an madra, sa ghairdín.

3

Gordó! Gordó!

Tháinig Rossa amach. Ghlaoigh sé ar Ghordó.

4

Gordó! Gordó!
Neasa, cá bhfuil
Gordó?

Níl a
fhios agam.

5

Rith Rossa isteach sa teach.
Chuaigh Séimí isteach sa teach freisin.

6

seomra suí

Bhí Mamaí sa seomra suí. Bhí sí ag léamh.

A Cúpla ceist

1. Cé a bhí ag súgradh sa ghairdín?

   Bhí _____

2. An raibh Séimí sa ghairdín?

   Bhí _____

3. Cé a tháinig amach sa ghairdín?

   Tháinig _____

4. Cé a chuaigh isteach sa teach?

   Chuaigh _____

5. Cá raibh Mamaí?

   Bhí _____

6. Cé a chuaigh suas an staighre?

   Chuaigh _____

7. Cá raibh Gordó?

   Bhí _____

B Athscríobh na habairtí.

1. síos   Mamaí   sa seomra suí   Shuigh   inné

   _____

2. na páistí   Chuaigh   sa ghairdín   Gordó   amach   agus

   _____

3. le Rossa   Thosaigh   ag súgradh   Neasa   sa pháirc

   _____

4. Daidí   sa leaba   ina chodladh   Bhí

   _____

5. Rith   an staighre   inné   Gordó   suas

   _____

6. Gordó   ar an leaba   Léim   sa seomra codlata

   _____

C Le foghlaim: sa + h

		sa ı h		
bosca	carr	gairdín	mála	páirc
sa bhosca	sa charr	sa ghairdín	sa mhála	sa pháirc

1. Cá bhfuil an múinteoir?   Tá an múinteoir sa chlós.

2. Cá bhfuil Mamaí?   Tá Mamaí sa _____

3. Cá bhfuil Gordó?   Tá Gordó sa _____

4. Cá bhfuil an toirtís?   Tá an toirtís sa _____

5. Cá bhfuil na páistí?   Tá na páistí sa _____

6. Cá bhfuil an leabhar?   Tá an leabhar sa _____

D Críochnaigh na habairtí.

> sa bhosca   sa charr   sa chlós   sa ghairdín   sa mhála   sa pháirc

1. Bhí na páistí ag súgradh _____

2. Chuir Neasa an leabhar isteach _____

3. Bhí buachaill ag siúl _____

4. Chuir Rossa na brioscaí isteach _____

5. Léim Gordó isteach _____

6. Bhí Séimí ag súgradh _____

17

E 🗣️ Mo theach

Táim sa seomra codlata.

Táim sa seomra folctha.

Táim sa leithreas.

Táim thuas staighre.

Táim ar an staighre.

Táim thíos staighre.

Táim sa seomra bia.

Táim sa halla.

Táim sa chistin.

Táim sa seomra suí.

F 🗣️ Cá bhfuil gach éinne?

1. Cá bhfuil Mamó?
2. Cá bhfuil Clíona?
3. Cá bhfuil Rossa?
4. Cá bhfuil Mamaí?
5. Cá bhfuil Daidí?
6. Cá bhfuil Séimí?
7. Cá bhfuil Neasa?
8. Cá bhfuil Gordó?
9. Cá bhfuil an luch?
10. Cá bhfuil Daideo?

I do chóipleabhar, tarraing pictiúr de do theach.
Cuir lipéad ar gach seomra.

G Cad a bhí á dhéanamh ag Clíona?

Bhí Clíona **ag siúl** ar an staighre.

ag siúl	ag ithe	ag caoineadh	ag canadh
ag cniotáil	ag gáire	ag obair	ag tafann

1. Bhí Mamó ag cniotáil sa seomra suí.

2. Bhí Rossa _____ _____ thuas staighre.

3. Bhí Daidí _____ _____ sa seomra folctha.

4. Bhí Neasa _____ _____ sa _____.

5. Bhí Clíona _____ _____ ar an staighre.

6. Bhí Séimí _____ _____ sa seomra codlata.

7. Bhí Gordó _____ _____ sa _____.

8. Bhí Daideo _____ _____ sa halla.

H Níl a fhios agam.

Níl a fhios agam.

Cá bhfuil an luch?

1. Cá bhfuil an luch?   2. Cá bhfuil Gordó?   3. Cá bhfuil na brioscaí?

4. Cá bhfuil Séimí?   5. Cá bhfuil Neasa?   6. Cá bhfuil Rossa?

4. Cartúin

1

Bhí Neasa, Rossa agus Gordó sa seomra suí.
Thosaigh na páistí ag féachaint ar an teilifís.

2

Bhí cartún ar siúl.
Bhí madra sa chartún.

3

Thit carraig ar an madra.
Thosaigh Gordó ag tafann.

4

Stop den tafann!

5

Bhí cat sa chartún freisin.
Rug an cat ar an madra.

6

Thosaigh Gordó ag tafann arís.

Stop den tafann!

7 Rith Gordó amach an doras.

8 Chuaigh sé suas an staighre.

9 Chuaigh sé isteach sa seomra codlata.

10 Tar éis tamaill, tháinig Gordó ar ais. Bhí téad ina bhéal aige.

11 Ach is maith liom an cartún seo.

Thosaigh Gordó ag tafann arís.

12 Chuir Rossa an téad ar Ghordó agus chuaigh siad amach ag siúl. Rossa bocht!

21

A Cúpla ceist

1. Cá raibh na páistí?

   Bhí _____

2. Cad a bhí á dhéanamh acu?

   Bhí _____

3. Cad a bhí ar siúl ar an teilifís?

   Bhí _____

4. Céard a thit ar an madra sa chartún?

   Thit _____

5. Céard a rinne Gordó?

   Thosaigh _____

6. Céard a rinne an cat sa chartún?

   Rug _____

7. Cár rith Gordó?

   Rith _____

8. Cad a bhí ina bhéal ag Gordó?

   Bhí _____

9. Céard a rinne Rossa agus Gordó?

   Chuaigh _____

10. An raibh áthas ar Rossa?

   Ní _____

B Cén clár teilifíse is maith leat?

Is maith liom...   **Ní maith liom...**

1. _____   1. _____

2. _____   2. _____

3. _____   3. _____

4. _____   4. _____

C  Le foghlaim

 **An raibh...?**

Bhí...   Ní raibh...

An raibh Neasa sa ghairdín?   An raibh Gordó sa ghairdín?
Bhí Neasa sa ghairdín.   Ní raibh Gordó sa ghairdín.

1. An raibh Daidí sa chistin? _____ Daidí sa chistin.
2. An raibh Rossa sa chistin? _____ Rossa sa chistin.

3. An raibh Rossa sa charr? _____
4. An raibh Mamaí sa charr? _____

5. An raibh an luch sa chonchró? _____
6. An raibh Gordó sa chonchró? _____

D Bhí an teilifís ar siúl.

ríomhaire	citeal	cluiche peile	cartún	fón póca	teilifís

1. Bhí an cluiche peile ar siúl.

2. Bhí an _____ ar siúl.

3. Bhí an _____

4. Bhí an _____

5. Bhí an _____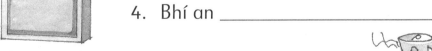

6. Bhí an _____

E Stop!

 Stop den tafann!	Stop den phleidhcíocht!	Stop den luascadh!	Stop den chanadh!
Stop den troid!	Stop den chaoineadh!	Stop den chaint!	Stop den scríobh!

1. 'Stop _____ _____!' arsa Rossa.

2. 'Stop _____ _____!' arsa Mamaí.

3. 'Stop _____ _____!' arsa Daidí.

4. 'Stop _____ _____!' _____ Cáit.

5. 'Stop _____ _____!' _____ Niall.

6. 'Stop _____ _____!' _____ Dónal.

7. 'Stop _____ _____!' _____ Eimear.

8. 'Stop _____ _____!' _____ Mamaí.

24

 **An Teilifís**

1

Ar a sé a chlog
bhí an dinnéar ite.
Chuaigh Rossa agus Neasa
isteach sa seomra suí.

2

Bhí an obair bhaile déanta.
Bhí an teilifís ar siúl.
Bhí na páistí sona sásta
ag féachaint ar chartúin.

3

Am codlata!

D'athraigh Rossa an cainéal
is d'fhéach siad ar chlár eile.
Ansin tháinig Daidí isteach.
'Am codlata,' ar seisean.

4

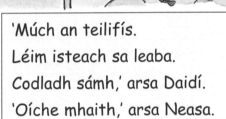

Oíche mhaith!

'Múch an teilifís.
Léim isteach sa leaba.
Codladh sámh,' arsa Daidí.
'Oíche mhaith,' arsa Neasa.

G **Tarraing do chartún féin.**

1

2

3

4

Súil Siar A

A Abairtí Iontacha

1. Bhí ag súgradh sa inné.

   Bhí Gordó ag súgradh sa ghairdín inné.

2. Thosaigh ag féachaint ar 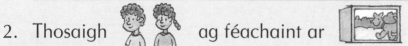 .

3. D'ith  sa chistin.

4. Léim ar an 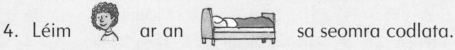 sa seomra codlata.

5. Ní raibh sa  inné.

B  Briathra Beo

| D'ith | Ghlaoigh | Scuab | D'oscail | Chuaigh | Shuigh |

1. _____ na páistí síos sa seomra suí.
2. _____ Daidí an t-urlár inné.
3. _____ an múinteoir ar Rossa.
4. _____ Mamó go dtí an siopa.
5. _____ Tomás an doras.
6. _____ Neasa úll ar scoil.

C **Scríobh an focal ceart faoi gach pictiúr.**

_____ _____ _____

_____ _____ _____

D **Scríobh an scéal.**

Bhí Rossa agus Neasa sa  _____ _____. Ní raibh

 _____ sa seomra suí. Bhí sé sa chistin. Tar éis tamaill,

tháinig Cáit agus Niall go dtí an teach. Chuaigh na páistí amach sa

 _____. Bhí Gordó ina chodladh sa  _____.

Thosaigh an  _____ acu ag súgradh. Thit Rossa ar an talamh.

'Cad a tharla?' arsa Cáit. 'Níl a fhios agam,' arsa Niall. 'Rossa, an bhfuil

tú ceart go leor?' arsa Neasa. 'Táim,' arsa Rossa. 'Cá bhfuil

_____?' arsa Neasa. 'Tá sí sa _____,' arsa Dónal.

_____ na páistí ar Mhamaí. Rith sí amach sa ghairdín.

'Rossa, an bhfuil tú ceart go leor?' arsa Mamaí. 'Táim,' arsa Rossa. Thug

Mamaí _____ do Rossa. Léim sé suas agus thosaigh sé ag

súgradh arís. Thosaigh Gordó ag _____. 'Stop den tafann!'

arsa Mamaí.

5. Rossa Bocht!

Cluiche: Feicim rud éigin ag tosú le…

28

glaoch an rolla

ag obair ar an ríomhaire

ag gáire

ag éisteacht

ag smaoineamh

ag scríobh

ag pleidhcíocht

Cad a bhí á dhéanamh ag na páistí?

A  Rossa bocht!

Bhí na páistí ar scoil.
Bhí siad ag obair.

Thosaigh an múinteoir ag glaoch an rolla.

Múinteoir	Neasa Ní Laoi.
Neasa	Anseo.
Múinteoir	Rossa Ó Laoi.
Rossa	Anseo.

Bhí Rossa ag luascadh ar an gcathaoir.

Múinteoir	Stop den luascadh, a Rossa.
Rossa	Tá brón orm.

Thosaigh Rossa ag scríobh. Tar éis tamaill, thosaigh sé
ag luascadh ar an gcathaoir arís. Bhí fearg ar an múinteoir.

Múinteoir	Stop den luascadh, a Rossa!

Léim Rossa. Thit an chathaoir agus thit Rossa ar an urlár.

Neasa	Rossa! An bhfuil tú ceart go leor?
Rossa	Táim ceart go leor.

Thosaigh na páistí go léir ag gáire. Bhí fearg ar Rossa. Rossa bocht!

Déan dráma den scéal ach ná tit den chathaoir!

B **Cúpla ceist**

1. Cá raibh na páistí?

   Bhí _____

2. Cad a bhí á dhéanamh ag na páistí?

   Bhí _____

3. Cé a bhí ag glaoch an rolla?

   Bhí _____

4. Cad a bhí á dhéanamh ag Rossa?

   Bhí _____

5. An raibh fearg ar an múinteoir?

   Bhí _____

6. Cár thit Rossa?

   Thit _____

7. Cé a thosaigh ag gáire?

   Thosaigh _____

8. An raibh fearg ar Rossa?

   Bhí _____

C **Líon na bearnaí.**

ag obair	ag tafann	ag canadh	ag léamh	ag scríobh	ag caint

1. Thosaigh Gordó _____ sa chlós.

2. Thosaigh an múinteoir _____ sa seomra ranga.

3. Thosaigh Dónal agus Cáit _____ inné.

4. Thosaigh Colm _____ sa leabharlann.

5. Thosaigh Aoife agus Eimear _____ ar scoil.

6. Thosaigh Neasa agus Rossa _____ ar an ríomhaire.

D **Le foghlaim: Bhí fearg ar Rossa.**
Ní raibh fearg ar Neasa.

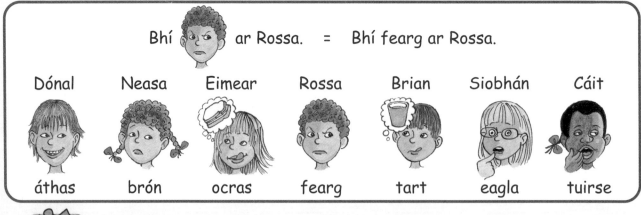

Bhí [img] ar Rossa. = Bhí fearg ar Rossa.

Dónal	Neasa	Eimear	Rossa	Brian	Siobhán	Cáit
áthas	brón	ocras	fearg	tart	eagla	tuirse

E **Ceangail na focail leis na pictiúir.**

eagla   tuirse   tart   ocras   fearg   áthas   brón

F **Líon na bearnaí.**

1. Bhí _____ ar Eimear.   2. Bhí _____ ar Rossa.

3. Bhí _____ ar Neasa.   4. Bhí _____ ar Bhrian.

5. Bhí _____ ar Dhónal.   6. Bhí _____ ar Shiobhán.

7. Bhí _____ ar Cháit.

G **Cúpla ceist**

1. An raibh fearg ar Neasa?   Ní raibh fearg ar Neasa.

2. An raibh tart ar Rossa?   _____ ar Rossa.

3. An raibh eagla ar Bhrian?   _____ ar Bhrian.

4. An raibh tuirse ar Eimear?   _____ ar Eimear.

5. An raibh ocras ar Dhónal?   _____ ar Dhónal.

6. An raibh brón ar Cháit?   _____ ar Cháit.

H   Athscríobh na habairtí.

1. ag obair   Thosaigh   ar scoil   inniu   na páistí

_____

2. ag léamh   sa seomra ranga   leabhar   Bhí   Dónal

_____

3. an clog   Thit   ar an urlár   inné

_____

4. ar an gcathaoir   ag luascadh   Bhí   ar scoil   Rossa

_____

5. an múinteoir   isteach   Tháinig   ar maidin

_____

I   Ceangail na focail leis na pictiúir.

bosca bruscair

doirteal

clár dubh

pictiúr

clog

léarscáil

bord dúlra

bosca

teasaire

leabhar rolla

ríomhaire

cruinneog

33

6. Oíche Shamhna

7 D'fhan Daidí ag an ngeata.

8 Bhailigh siad torthaí agus cnónna agus milseáin agus airgead

9 Tar éis tamaill chuaigh na páistí abhaile.

10 D'ith siad bairín breac agus d'inis Daideo scéal dóibh.

11 Thosaigh siad ag imirt cluichí.

12 Bhí an-spórt acu.

35

A Cúpla ceist

1. Cén oíche a bhí ann?

   _____ a bhí ann.

2. Cad iad na héadaí a bhí ar Rossa?

   Bhí caipín, buataisí agus _____ ar Rossa.

3. Cad iad na héadaí a bhí ar Neasa?

   Bhí cóta, masc agus _____

4. Cad a tharraing Mamaí ar aghaidh Chlíona?

   Tharraing _____

5. Cár fhan Daidí?

   D'fhan _____

6. Céard a bhailigh na páistí?

   Bhailigh _____

7. Céard a d'ith na páistí?

   D'ith _____

8. Cé a d'inis an scéal?

   D'inis _____

B Líon na bearnaí.

Bhailigh	Thosaigh	Chuaigh	D'fhan	D'ith

1. _____ na páistí ó theach go teach.

2. _____ Mamaí agus Daidí ag gáire.

3. _____ na páistí cnónna agus milseáin.

4. _____ Neasa bairín breac.

5. _____ Daidí ag an ngeata.

C Bhí an-spórt acu.

1. Bhí _____ acu.

2. Bhí _____ acu.

3. Bhí _____

4. _____ acu.

5. _____

D Seo leat **Cé thusa? Is mise...**

Is mise
Neasa.

Is mise
an múinteoir.

Is mise
an taibhse.

Is mise ...
_____

E Athscríobh na habairtí.

1. Mamaí   ar aghaidh Chlíona   Tharraing   guairí

_____

2. go teach   Chuaigh   ó theach   na páistí

_____

3. torthaí   inné   agus cnónna   Bhailigh siad

_____

4. chuaigh   abhaile   na páistí   Tar éis tamaill

_____

sé   sí   siad

Bhí Rossa ag ithe.
Bhí sé ag ithe.

Bhí Neasa ag ól.
Bhí sí ag ól.

Bhí Rossa agus Neasa ag gáire.
Bhí siad ag gáire.

Líon na bearnaí.   sé   sí   siad

1. Bhí Daidí ag léamh.   Bhí _____ ag léamh.

2. Thosaigh Mamaí ag scríobh.   Thosaigh _____ ag scríobh.

3. Bhí Daidí agus Mamaí ag caint.   Bhí _____ ag caint.

4. Thóg Siobhán an peann.   Thóg _____ an peann.

5. Chaith Colm an liathróid.   Chaith _____ an liathróid.

6. Cheannaigh Tomás úll.   Cheannaigh _____ úll.

7. Ní raibh Eimear ar scoil.   Ní raibh _____ ar scoil.

8. Bhailigh Aoife na cóipleabhair.   Bhailigh _____ na cóipleabhair.

9. Chuaigh Colm ó theach go teach.   Chuaigh _____ ó theach go teach.

10. D'fhan Tomás agus Cáit sa bhaile.   D'fhan _____ sa bhaile.

G **D'imigh siad ó theach go teach.**

 ó theach go teach	 ó shiopa go siopa	 ó chrann go crann
 ó dhuine go duine	 ó bhláth go bláth	 ó bhosca go bosca

 H **Críochnaigh na habairtí.**

1. Chuaigh fear an bhus ó dhuine go duine.

 2. D'eitil an bheach _____

3. Léim an moncaí _____

 4. Shiúil an seanfhear _____

5. Rith na páistí _____

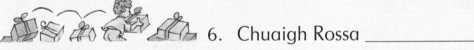 6. Chuaigh Rossa _____

 I **Foclóir breise**

 léine
 blús
 stocaí
 t-léine
 sciorta
 caipín
 cóta
 bríste
 buataisí

 carbhat
 geansaí
 seaicéad
 hata

an ghrian

spéir

scamaill

leadóg

ag imirt leadóige

capall

ag rith

ag siúl

bróga reatha

ag marcaíocht

feadóg

réiteoir

ag súgradh

ag imirt peile

Cad atá á dhéanamh ag na páistí?

eitleog

duilleoga

slat iascaigh

ag iascaireacht

loch

droichead

ag scátáil

ag rothaíocht

rothar

scátaí

ag luascadh

camán

ag léamh

cispheil

luascán

A 🐝 Lá sa pháirc

Fuair Eimear rothar nua inné.

Bhí sí ag rothaíocht sa pháirc.

Chonaic sí Siobhán agus Dónal ag imirt peile.

Thug Dónal cic don liathróid.

Bhuail an liathróid Eimear.

Dónal Ó, a Eimear, tá brón orm!

Siobhán An bhfuil tú ceart go leor?

Eimear Táim ceart go leor. Fuair mé rothar nua inné.

Siobhán An bhfuil an rothar ceart go leor?

Dónal Tá an rothar ceart go leor freisin.

Siobhán Tá sé go hálainn.

Shuigh na cairde síos ar an talamh.

Bhí Colm ina shuí ar an luascán.

Bhí sé ag léamh.

Dhún sé an leabhar.

Thosaigh na cairde ag caint.

Eimear Beidh cluiche peile againn.

Páistí Ceart go leor.

Colm Is mise an cúl báire.

Brian Is mise an réiteoir!

D'fhág Eimear an rothar nua faoi chrann.

Thosaigh na páistí ag imirt peile. Bhí an-spórt acu.

B  **Cúpla ceist**

1. Cé a fuair rothar nua?

   Fuair _____

2. Cá raibh Eimear?

   Bhí _____

3. Cé a bhí ag imirt peile?

   Bhí _____

4. Cad a rinne Dónal?

   Thug _____

5. Cad a bhuail Eimear?

   Bhuail _____

6. Cár shuigh na cairde?

   Shuigh _____

7. Cé a bhí ina shuí ar an luascán?

   Bhí _____

8. An raibh Siobhán ag luascadh ar an luascán?

   Ní raibh _____

9. Cár fhág Eimear an rothar nua?

   D'fhág _____

10. An raibh spórt ag na páistí?

    Bhí _____

C Seo leat... **Tá brón orm!**

ina sheasamh	ina seasamh	ina dhúiseacht	ina dúiseacht
ina shuí	ina suí	ina chónaí	ina cónaí
ina chodladh	ina codladh	ina luí	ina luí

 Líon na bearnaí.

1. Tá Tomás _____ faoin gcrann.

2. Tá Clíona _____ faoin mbord.

3. Tá Eimear _____ ar scoil.

4. Tá Gordó _____ sa chonchró.

5. Tá Siobhán _____ ar an stól.

6. Tá Séimí _____ ar an gcathaoir.

7. Tá an múinteoir _____ inniu.

8. Tá Mamaí _____ sa leaba.

9. Tá Aoife _____ ag an mbord dúlra.

10. Tá Colm _____ ag an ngeata.

11. Tá Cáit _____ sa bhaile mór.

12. Tá Brian _____ i Sráid na Long.

 **Ceart go leor! Maith go leor! Tá go maith!**

F  **Líon na bearnaí.**

cispheil   slat iascaigh   raicéad   scátaí   bróga reatha   camán

capall   rothar   liathróid pheile   sliotar   feadóg   loch

1. Thug Eimear cic don _____

2. Bhí Tomás ag rothaíocht ar an _____

3. Thug an múinteoir _____ do na páistí.

4. Bhuail Neasa an _____ leis an gcamán.

5. Bhí Niall ag marcaíocht ar an g_____

6. Bhí Gordó ag snámh sa _____

7. Chuir Colm _____ ar an mbord.

8. Thóg Brian na _____ den urlár.

9. Thóg Siobhán an _____ as an mála.

10. Bhris Dónal an _____ inné.

11. Fuair Rossa _____ nua ó Mhamó.

12. Thug na páistí _____ iascaigh do Dhaideo.

A 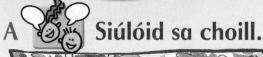 **Siúlóid sa choill.**

Lá scamallach a bhí ann. Bhí an múinteoir agus na páistí ag siúl sa choill.

Dónal	Féach ar an liathróid seo.
Múinteoir	Sin gráinneog. Tá sí ina codladh.
Neasa	Féach ar an iora rua. Tá sé ina shuí ar an gcrann.
Siobhán	Tá dath dearg ar an iora rua.
Cáit	Féach ar na beacáin. Tá siad ag fás faoin gcrann.
Tomás	Is maith liom beacáin.

Thosaigh Aoife agus Niall ag pleidhcíocht.

Múinteoir	Stop den phleidhcíocht!

Go tobann, thit Niall isteach sna neantóga.

Bhí fearg ar Niall.

Thosaigh sé ag caoineadh.

Múinteoir	Stop den chaoineadh agus stop den phleidhcíocht!
Niall	Tá brón orm.
Siobhán	Cá bhfuil an crann seiceamair, a mhúinteoir?
Múinteoir	Sin é. Sin iad na duilleoga faoin gcrann.

Chuaigh na páistí ó chrann go crann.

Bhailigh siad duilleoga.

Ansin chuaigh na páistí ar ais ar scoil.

Chuir siad na duilleoga ar an mbord dúlra.

B ![icon] Cúpla ceist

1. Cén saghas lae a bhí ann?

   Lá _____

2. Cá raibh na páistí?

   Bhí _____

3. Cé a chonaic an t-iora rua?

   Chonaic _____

4. Cá raibh na beacáin?

   Bhí _____

5. Cé a bhí ag pleidhcíocht?

   Bhí _____

6. An raibh fearg ar an múinteoir?

   Ní raibh _____

7. Céard a bhailigh na páistí?

   Bhailigh _____

8. Cár chuir siad na duilleoga?

   Chuir _____

C ![icon] Féach ar an madra.

> Féach ar an madra.

1. Féach ar an   g_____

2. Féach ar an   b_____

3. Féach ar an   _____ _____

4. Féach ar an   _____

5. Féach ar an   _____

![tv]	teilifís
![kite]	eitleog
![squirrel]	iora rua
![blackboard]	clár dubh
![picture]	pictiúr

D **Le foghlaim: Cén saghas lae a bhí ann?**

Lá grianmhar Lá scamallach Lá gaofar Lá fuar Lá fliuch

1. Lá fliuch a bhí ann.

2. Lá _____ a bhí ann.

3. Lá _____ a bhí ann.

4. Lá _____ a bhí ann.

5. Lá _____ a bhí ann.

E  **Athscríobh na habairtí.**

1. an múinteoir agus Bhí sa pháirc ag siúl na páistí

_____

2. ar an gcrann Chonaic ina shuí iora rua Colm

_____

3. na páistí duilleoga Bhailigh inné sa choill

_____

4. Neasa Thosaigh agus ag pleidhcíocht Rossa ar scoil

_____

5. a bhí ann grianmhar inné Lá

_____

Chuaigh na páistí ar ais ar scoil.

1. Chuaigh _____ ar ais ar scoil.

2. Tháinig _____ ar ais abhaile.

3. Rith _____ ar ais go dtí an siopa.

4. Chuaigh _____ ar scoil.

5. Tháinig _____ abhaile.

6. Rith _____ go dtí an leabharlann.

G **Léigh agus tarraing.**

Lá grianmhar a bhí ann. Bhí Daidí, Clíona agus Séimí sa choill.

Bhí trí chrann sa phictiúr. Bhí iora rua ar an gcrann.

Bhí duilleoga ag titim. Bhí duilleoga ar an talamh.

Bhí Clíona ag bailiú duilleog.

Bhí beacáin ar an talamh freisin. Bhí gráinneog ag ithe beacáin.

Bhí neantóga ag fás faoin gcrann.

Bhí geata sa phictiúr. Bhí Rossa ina sheasamh ag an ngeata.

Lá grianmhar

Súil Siar B

A Abairtí Iontacha

1. Fuair   nua inné.

2. Chonaic   ina suí faoin

3. Thug   don

4. Chuir   ar an

5. Bhailigh 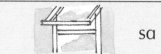 sa

6. Dhún   sa

B Scríobh an focal ceart faoi gach pictiúr.

_____ _____ _____

_____ _____ _____

52

C **Léigh agus tarraing.**

Lá grianmhar a bhí ann. Chuaigh na páistí ag siúl sa choill. Chonaic siad iora rua. Chonaic siad an múinteoir ag rothaíocht abhaile.	Lá gaofar a bhí ann. Shéid an ghaoth an crann. Thit na duilleoga ar an talamh. Bhí an capall ina sheasamh sa pháirc.

D **Scríobh an scéal.**

Chuaigh Mamaí, Daidí agus na páistí ag siúl sa _____.

Chuaigh _____ freisin. Lá _____ a bhí ann.

Ní raibh _____ sa spéir. Chonaic Neasa

_____ _____ ar an gcrann. Chonaic Rossa _____

ar an talamh. 'Cad é sin?' arsa Séimí. 'Sin gráinneog,' arsa Mamaí.

Tar éis tamaill, chonaic siad Niall agus Dónal _____

_____. Bhí páistí eile ag _____ sa pháirc.

Ansin, chonaic Daidí _____ ag marcaíocht ar chapall.

'Féach ar an gcapall,' arsa Daidí. 'Cé thusa?' arsa Séimí. 'Is mise Garda Ó Sé,'

arsa an garda. Ansin, shiúil an capall síos an bóthar. Bhailigh Séimí

 _____ agus chuaigh siad abhaile. Bhí an-spórt acu.

1 Lá fuar a bhí ann. Bhí an Nollaig ag teacht.

2 Chuaigh an chlann isteach sa bhaile mór.

3 Bhí soilse na Nollag ar siúl sa phríomhshráid.

4 Bhí maisiúcháin sna fuinneoga go léir.

5 Bhí crann Nollag mór i gcearnóg an bhaile.

6 Thosaigh grúpa daoine ag canadh carúl Nollag.

7 Chonaic na páistí Daidí na Nollag agus sheas siad i scuaine.

8 Thug Daidí na Nollag bronntanas do gach páiste.

4 Tharraing Séimí a fhéasóg. Thosaigh Daidí na Nollag ag gáire.

10 Chuaigh Daidí agus Neasa go dtí an t-ollmhargadh.

11 Bhí liosta fada ag Daidí.

12 Chuir sé na hearraí sa tralaí.

13 An bhfuil turcaí deas agat, más é do thoil é?

Cheannaigh Mamaí turcaí agus liamhás sa siopa búistéara.

14 Ansin chuaigh an chlann ó shiopa go siopa.

15 Cheannaigh siad bronntanas Nollag do gach éinne.

16 Chuaigh an chlann ar ais abhaile. Bhí an-lá acu.

55

A ？ Cúpla ceist

1. Cén saghas lae a bhí ann?

   Lá _____

2. Cad a bhí sna fuinneoga?

   Bhí _____

3. Cá raibh an crann Nollag?

   Bhí _____

4. Cad a thug Daidí na Nollag do na páistí?

   Thug _____

5. Céard a rinne Séimí?

   Tharraing _____

6. Céard a cheannaigh Mamaí?

   Cheannaigh _____

B 📏 Athscríobh na habairtí.

1. inné   an baile mór   an chlann   go dtí   Chuaigh

   _____

2. sa tralaí   bainne   Chuir   turcaí   Daidí   agus   isteach

   _____

3. san ollmhargadh   Cheannaigh   turcaí   an múinteoir

   _____

4. na páistí   D'ith   sa chistin   cáca Nollag

   _____

5. Brian   bronntanas   inné   do Neasa   Thug

   _____

6. grúpa daoine   Thosaigh   carúl   Nollag   ag canadh

   _____

C Seo leat... **An bhfuil turcaí deas agat, más é do thoil é?**

| cóipleabhar | liamhás | feadóg | peann luaidhe | úll |

1. An bhfuil _____ agat, más é do thoil é?

      2. An bhfuil _____ agat, más é do thoil é?

3. An bhfuil _____ agat, más é do thoil é?

      4. An bhfuil _____ agat, _____?

5. An bhfuil _____ agat, _____?

D Seo leat... **Cheannaigh Mamaí turcaí san ollmhargadh.**

| bróga reatha | nuachtán | leabhar | liathróid pheile | geansaí |

1. Cheannaigh Eimear _____ _____ sa siopa bróg.

      2. Cheannaigh Neasa _____ sa siopa éadaí.

3. _____ Mamaí _____ sa siopa leabhar.

      4. _____ Daideo _____ sa siopa nuachtán.

5. _____ Rossa _____ _____ sa siopa spóirt.

E **Scríobh an scéal: Ag siopadóireacht.**

| Sheas | Bhí | Chuir | Thug | Chuaigh |
| Chonaic | Thosaigh | D'ith | Cheannaigh | Thóg |

_____ Mamaí agus Séimí ag siopadóireacht. _____ siad isteach san ollmhargadh. _____ Mamaí milseáin do na páistí. _____ siad i scuaine ag an gcuntar. _____ an siopadóir mála do Mhamaí. _____ Mamaí na milseáin isteach sa mhála. _____ Séimí na milseáin. _____ sé na milseáin as an mála. _____ sé na milseáin. _____ Mamaí ag gáire.

F  Le foghlaim: Ceisteanna agus Freagraí

Cé?	Cad? Céard?	Cá? Cár?

1. D'ith Neasa an banana sa siopa.

C Cé a d'ith an banana?

F D'ith Neasa an banana.

C Cad a d'ith Neasa?

F D'ith Neasa an banana.

C Cár ith Neasa an banana?

F D'ith Neasa an banana sa siopa.

2. Bhris Rossa an cupán sa chistin.

C Cé a bhris an cupán?

F Bhris _____ an cupán.

C Céard a bhris Rossa?

F Bhris Rossa _____

C Cár bhris Rossa an cupán?

F Bhris Rossa an cupán _____

3. Léigh an garda an leabhar sa siopa leabhar.

C _____ a léigh an leabhar?

F Léigh an garda an leabhar.

C _____ a léigh an garda?

F Léigh an garda an leabhar.

C _____ léigh an garda an leabhar?

F Léigh an garda an leabhar sa siopa leabhar.

4. Chaith an seanfhear an liathróid sa ghairdín.

C _____ a chaith an liathróid?

F Chaith an seanfhear an liathróid.

C _____ a chaith an seanfhear?

F Chaith an seanfhear an liathróid.

C _____ chaith an seanfhear an liathróid?

F Chaith an seanfhear an liathróid sa ghairdín.

an t-ollmhargadh

siopa cácaí

siopa spóirt

siopa bréagán

siopa leabhar

siopa bróg

siopa nuachtán

siopa bláthanna

siopa éadaí

siopa ceoil

siopa milseán

siopa cártaí

A  An Nollaig

Bhí an Nollaig ag teacht.
Chuala na páistí cnag ar an doras.

Rith siad amach agus d'oscail Neasa an doras. Bhí crann Nollag sa phóirse.

Bhí Daidí taobh thiar den chrann. 'Maith thú, a Dhaidí!' arsa na páistí. Chuir Daidí an crann ina sheasamh sa seomra suí. Sheas sé ar stól agus chuir sé aingeal ar an gcrann. Chuir Neasa ceol Nollag ar siúl. Chroch na páistí maisiúcháin ar an gcrann. Chuir siad cártaí Nollag ar an matal. Bhí an-spórt acu. Thosaigh Séimí ag canadh 'Bualadh bos! Bualadh bos!' Ansin chuir Mamaí coinneal na Nollag san fhuinneog. Shuigh siad síos agus las Mamaí na soilse beaga ar an gcrann. Bhí siad go hálainn. 'Is breá liom an Nollaig,' arsa Clíona.

B Cúpla ceist

1. Cad a chuala na páistí?

   Chuala _____

2. Cad a bhí sa phóirse?

   Bhí _____

3. Cé a bhí ag an doras?

   Bhí _____

4. Cár chuir Daidí an crann?

   Chuir _____

5. Cé a chuir ceol Nollag ar siúl?

   Chuir _____

6. Cár chuir Mamaí coinneal na Nollag?

   Chuir _____

C Athscríobh na habairtí.

1. ar an doras   Chuala   cnag   na páistí

   _____

2. agus   amach   D'oscail   sí   rith   Neasa   an doras

   _____

3. ar an gcrann   Daidí   aingeal   Chuir

   _____

4. ar an gcrann   maisiúcháin   na páistí   Chroch

   _____

5. Rossa   Chuir   ar an matal   cártaí Nollag

   _____

6. Las   ar an gcrann   Mamaí   na soilse beaga

   _____

D Maith thú!

E Le foghlaim

Is breá liom...

An maith leat an Nollaig?

→ Is maith liom an Nollaig!

→ Is breá liom an Nollaig!

An maith leat císte Nollag?

An maith leat turcaí agus liamhás?

An maith leat Oíche Nollag?

An maith leat obair bhaile?

 Líon na bearnaí.

1. Is breá liom _____

2. Is maith liom _____

3. Is maith liom _____

4. Is breá liom _____

5. Is maith liom _____

6. Is breá liom _____ grinn!

F Cad a bhí sa bhosca?

Chuala tú cnag ar an doras.

Rith tú amach agus d'oscail tú an doras.

Bhí bosca mór sa phóirse.

Cad a bhí sa bhosca?

Tarraing pictiúr i do chóipleabhar.

G Déan liosta do Dhaidí na Nollag.

1. _____

2. _____

3. _____

4. _____

5. _____

6. _____

7. _____

8. _____

9. _____

Nollaig Shona!

An Nollaig

Tarraing na pictiúir atá in easnamh.

crann Nollag	mainséar	Daidí na Nollag
dinnéar na Nollag	císte Nollag	réinfhia
cairéad agus líomanáid	cárta Nollag	bronntanais
pléascóg Nollag	maróg Nollag	maisiúcháin
turcaí agus liamhás	stoca Nollag	réalta
Oíche Nollag	simléar	aingeal

11. Ag Scátáil sa Pháirc

Tháinig an t-otharcharr ar a trí a chlog.

Chuaigh Rossa agus Daidí isteach san otharcharr.

Chuaigh Neasa agus Gordó abhaile.

Bhí Daidí agus Rossa san ospidéal.

Tá an rúitín briste.

D'fhéach an dochtúir ar rúitín Rossa.

Chuir an bhanaltra bindealán ar rúitín Rossa.

Rossa bocht! Conas tá tú anois?

Táim ceart go leor.

Chuaigh Rossa abhaile agus shuigh sé síos sa seomra suí.

67

A ![icon] Cúpla ceist

1. Cén saghas lae a bhí ann?

   Lá _____

2. Cad a bhí á dhéanamh ag Rossa agus Gordó?

   Bhí _____

3. An raibh Neasa ag scátáil?

   Ní _____

4. Cé a thosaigh ag pleidhcíocht?

   Thosaigh _____

5. Cad a tharla ansin?

   Thit _____

6. Cathain a tháinig an t-otharcharr?

   Tháinig _____

7. Cé a d'fhéach ar rúitín Rossa?

   D'fhéach _____

8. Céard a rinne an bhanaltra?

   Chuir _____

B ![icon] Tá an rúitín briste. Líon na bearnaí.

1. Tá _____ _____ briste.

2. Tá _____ _____ briste.

3. Tá _____ _____ briste.

4. Tá _____ _____ _____ briste.

5. Tá _____ _____ briste.

6. Tá _____ _____ briste.

an fhuinneog

an cupán

an peann luaidhe

an camán

an ordóg

an stól

D **Cad atá cearr leat?**

E **Go bhfóire Dia orainn!**

Go bhfóire Dia orainn!   Go bhfóire Dia orainn!   Go bhfóire Dia orainn!

F Le foghlaim: sa bhaile / abhaile

sa bhaile   abhaile

Críochnaigh na habairtí.

1. Bhí Daidí sa bhaile.

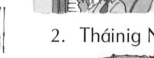

2. Tháinig Neasa agus Rossa abhaile.

3. Tá Gordó _____

4. Chuaigh Gordó _____

5. Tá Neasa _____

6. Tháinig an garda _____

7. Tá an múinteoir _____

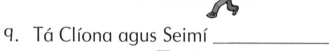

8. Shiúil an múinteoir _____

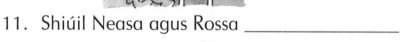

9. Tá Clíona agus Seimí _____

10. Rith Daidí _____

11. Shiúil Neasa agus Rossa _____

12. Tá an bhanaltra _____

13. Chuaigh an múinteoir _____

14. Tá Gordó _____

G Scríobh an scéal.

Clíona Bhocht!

> ar an talamh   a bhí ann   Thosaigh   sa pháirc   ordóg
>
> go dtí   fón póca   abhaile   an dochtúir   ceart go leor
>
> ag pleidhcíocht   seomra suí

Lá scamallach _____ _____ _____. Bhí Eimear agus Clíona ag

scátáil _____ _____. Thosaigh siad _____ _____.

'Féach ormsa!' arsa Clíona. Go tobann, thit Clíona _____ _____ _____.

'An bhfuil tú _____ _____ _____?' arsa Eimear. _____ Clíona

ag caoineadh. 'B'fhéidir go bhfuil an _____ briste,' arsa Eimear. Thóg sí

amach an _____ agus ghlaoigh sí ar Mhamaí. Ar a cúig a chlog

chuaigh Mamaí agus Clíona _____ _____ an dochtúir. 'Níl an ordóg briste,'

arsa _____ _____. Chuaigh Clíona agus Mamaí _____.

Shuigh Clíona síos sa _____ _____. Shuigh Gordó in aice léi.

Clíona bhocht!

H Foclóir breise: An corp

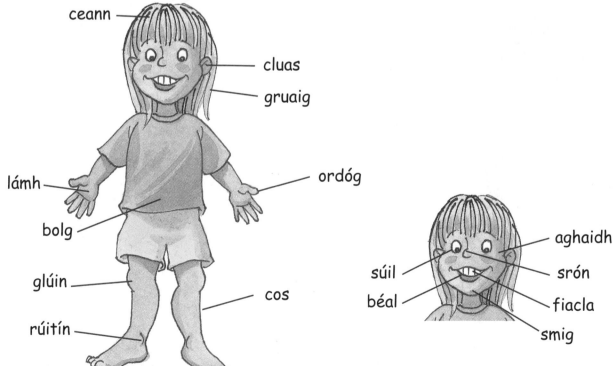

ceann

cluas

gruaig

lámh

ordóg

bolg

glúin

cos

rúitín

súil

aghaidh

béal

srón

fiacla

smig

stocaí

ag crochadh éadaí

geansaí

bríste

léine

gúna

t-léine

A Subh! Subh! Subh!

Am tae a bhí ann. Bhí Neasa, Rossa agus Clíona ag súgradh sa ghairdín.

Bhí Gordó sa ghairdín freisin.
Bhí Mamaí ag crochadh éadaí ar an líne.

Mamaí   Cá bhfuil Séimí?

Neasa   Níl a fhios agam.

Rossa   B'fhéidir go bhfuil sé sa chistin.

Clíona   Bhí ocras air.

Rith Mamaí isteach sa chistin.

Bhí subh ar an gcuntar.
Bhí subh ar an urlár.
Bhí subh ar an gcathaoir.
Bhí subh ar an mbord.
Bhí Séimí ina shuí ag an mbord.

Bhí subh ar a aghaidh.
Bhí subh ar a lámha.
Bhí subh ar a bhríste.
Bhí subh ar a gheansaí.
Bhí ceapaire ina bhéal.
Agus cad a bhí sa cheapaire? Subh!
D'fhéach Séimí ar Mhamaí.

Mamaí   Go bhfóire Dia orainn! Séimí!

Séimí   Hi, Mam! Is maith liom subh!

B Cúpla ceist

1. Cé a bhí ag súgradh sa ghairdín?

   Bhí _____

2. Cad a bhí á dhéanamh ag Mamaí?

   Bhí _____

3. An raibh Séimí sa ghairdín?

   Ní raibh _____

4. Cé a rith isteach sa chistin?

   Rith _____

5. Cá raibh Séimí ina shuí?

   Bhí _____

6. An raibh subh ar an mbord?

   Bhí _____

7. Céard a dúirt Mamaí?

   Dúirt _____

8. An maith leat subh?

   _____

C Líon na bearnaí.

| sa chistin | sa chlós | sa pháirc | sa seomra suí | sa charr | sa seomra ranga |

1. Bhí na páistí ag súgradh ____ _____ _____

2. Bhí ____ _____ ag canadh ____ _____ _____

3. Bhí na páistí ____ _____ ____ _____

4. Bhí ____ _____ ag rothaíocht ____ _____

5. Bhí na páistí ____ _____ ____ _____

6. _____

75

D Am _____?_____ a bhí ann.

Am bricfeasta a bhí ann.	Am lóin a bhí ann.	Am dinnéir a bhí ann.
Am tae a bhí ann.	Am suipéir a bhí ann.	Am codlata a bhí ann.

Líon na bearnaí.

8.00 a.m.   1. Am _____ a bhí ann. D'ith na páistí calóga.

12.30 i.n.   2. Am _____ a bhí ann. Rith na páistí amach sa chlós.

4.00 i.n.   3. Am _____ a bhí ann. Rinne an múinteoir an tae.

6.30 i.n.   4. Am _____ a bhí ann. D'ith an chlann an dinnéar.

9.00 i.n.   5. Am _____ a bhí ann. D'ól Daidí cupán cócó.

10.00 i.n.   6. Am _____ a bhí ann. Bhí tuirse ar Mhamaí.

E B'fhéidir go bhfuil sé sa chistin.

sa chonchró	san ospidéal	san ollmhargadh	sa séipéal
	sa seomra ranga	sa pháirc	

1. B'fhéidir go bhfuil Mamaí _____

2. B'fhéidir go bhfuil an sagart _____

3. B'fhéidir go bhfuil Gordó _____

4. B'fhéidir go bhfuil an bhanaltra _____

5. B'fhéidir go bhfuil an buachaill _____

6. B'fhéidir go bhfuil an múinteoir _____

F Le foghlaim: …ar an… …faoin… …ag an…

ar an	faoin	ag an
ar an mbord	faoin mbord	ag an mbord

G Líon na bearnaí.

ar an urlár	faoin gcathaoir	ag an doras	ar an gcuntar
	faoin mbord	ag an ospidéal	

1. Rith an luch isteach _____

2. Chonaic Colm an t-otharcharr _____

3. Thit an pláta _____

4. Chaith Rossa an mála scoile _____

5. Sheas an múinteoir _____

6. Chuir an seanfhear subh _____

H Cuir tic sa bhosca ceart.

1.
ar an leaba ☐
faoin leaba ☐
ag an leaba ☐

2.
ar an gcófra ☐
faoin gcófra ☐
ag an gcófra ☐

3.
ar an gcuntar ☐
faoin gcuntar ☐
ag an gcuntar ☐

4.
ar an bhfuinneog ☐
faoin bhfuinneog ☐
ag an bhfuinneog ☐

5.
ar an gclár dubh ☐
faoin gclár dubh ☐
ag an gclár dubh ☐

6.
ar an mbosca ☐
faoin mbosca ☐
ag an mbosca ☐

Súil Siar C

A Scríobh an briathar ceart.

1. _____ an príomhoide
ar an gcluiche peile.

Bhí
D'fhéach
Chroch

2. _____ an seanfhear nuachtán
sa siopa.

Cheannaigh
Thosaigh
Thit

3. _____ an garda abhaile
ar a cúig a chlog.

Bhris
Sheas
Tháinig

4. _____ an bhanaltra bindealán
ar ordóg Rossa.

Chonaic
Fuair
Chuir

5. _____ na páistí ag scátáil sa pháirc.

Rith
Thosaigh
D'fhéach

6. _____ subh ar an urlár sa chistin.

Thit
D'ith
Ghlaoigh

7. _____ Neasa sa bhaile
mar bhí sí tinn.

D'ól
Chas
D'fhan

8. _____ fearg ar an múinteoir
mar bhí an stól briste.

Bhuail
Tharraing
Bhí

B Léigh agus tarraing.

Bhí Neasa agus Rossa san ollmhargadh. Bhí siad ag siopadóireacht.

Bhí liosta ina lámh ag Rossa. Bhí sparán ina lámh ag Neasa.

Bhí tralaí ag na páistí. Bhí bainne, subh, brioscaí, turcaí, arán, milseáin,

úlla agus cáca milis sa tralaí. Bhí scuaine ag an gcuntar.

C Scríobh an scéal.

Chuaigh Daidí agus Séimí ag siopadóireacht san _____.

Cheannaigh Daidí turcaí, _____, ispíní, arán, im agus

_____. Ansin chuaigh an bheirt acu abhaile.

Chuir Daidí ____ _____ ar an gcuntar. Chuaigh sé suas

____ _____. Am tae a bhí ann. Thosaigh Séimí

____ _____ subh. 'Is breá liom subh,' arsa Séimí.

Thit subh ar ____ _____. Tháinig Daidí isteach.

____ _____ ar an urlár. 'Go bhfóire Dia orainn,' arsa Séimí.

Rith Mamaí isteach. 'An bhfuil tú ceart go leor?' arsa Mamaí.

'Ó! mo _____!' arsa Daidí. 'B'fhéidir go bhfuil do rúitín

briste,' arsa Mamaí. 'Níl sé briste,' arsa Daidí. 'Tá sé ceart go leor anois.'

Thosaigh an _____ acu ag gáire.

79

13. An Seomra Codlata

tarraiceán

piliúr

lampa

leaba

leabhar

urlár

ríomhaire

bréagáin

bosca

bosca bruscair

scuab

seilf

bruscar

stocaí

tuáille

 **Tríona chéile!**

Bhí Daidí sa bhaile. Bhí sé ag iarnáil. Tháinig Neasa agus Rossa abhaile.

Shuigh siad síos agus d'fhéach siad ar an teilifís. Tar éis tamaill, ghlaoigh

Daidí ar na páistí.

Daidí	Neasa! Rossa! Cad atá á dhéanamh agaibh?
Neasa	Táimid ag féachaint ar an teilifís.
Daidí	Cuir slacht ar an seomra codlata.
Neasa / Rossa	Ó, a Dhaidí!
Daidí	Tá sé trína chéile.
Neasa	Ceart go leor.
Rossa	Tá go maith.

Rith Rossa suas an staighre.

Bhí an seomra codlata trína chéile.

Chuir sé an bruscar sa bhosca bruscair.

Chuir sé na bréagáin sa bhosca bréagán.

Chuir sé na stocaí sa tarraiceán.

Thosaigh Neasa ag súgradh ar an ríomhaire.

Tar éis tamaill, chuaigh Daidí suas an staighre.

Bhí Rossa ag obair.

Daidí	Maith thú, a Rossa!
	Neasa! Cad atá á dhéanamh agat?
	Cuir slacht ar an seomra codlata.
Neasa	Ceart go leor. Tá brón orm.
Daidí	Déan deifir, mar tá cartúin ar siúl ar an teilifís.

B   Cúpla ceist

1. Cá raibh Daidí?

   Bhí _____

2. Cad a bhí á dhéanamh aige?

   _____

3. Cé a tháinig abhaile?

   Tháinig _____

4. Céard a rinne Neasa agus Rossa?

   _____

5. Cár chuir Rossa an bruscar?

   Chuir _____

6. Céard a rinne Neasa?

   _____

7. An raibh sí ag obair?

   Ní _____

8. Cad a bhí ar siúl ar an teilifís?

   _____

C   Athscríobh na habairtí.

1. trína chéile   Bhí   inné   an seomra ranga

   _____

2. na páistí   an bruscar   Phioc   suas   ar scoil

   _____

3. ag am lóin   ag obair   an príomhoide   Thosaigh

   _____

4. suas   ar a hocht a chlog   Rith   an staighre   Gordó

   _____

D  Tá an seomra codlata trína chéile.

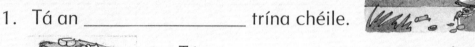

seomra ranga	cuisneoir	gairdín	bord dúlra	an chistin

1. Tá an _____ trína chéile.

 2. Tá an _____ _____ trína chéile.

3. Tá an _____ _____ _____

 4. Tá an _____ _____ _____ _____

5. Tá ___ _____ _____ _____

E  Cuir slacht ar...

na bréagáin	an seomra codlata	an mála scoile	an seomra suí	an leabharlann

1. Cuir slacht ar _____

 2. Cuir _____ ar _____

3. Cuir _____ ar _____

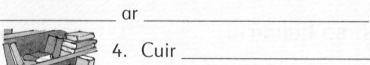 4. Cuir _____

5. Cuir _____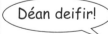

F Déan deifir! Déan deifir!

Tarraing pictiúr.

Déan deifir!

Déan deifir!

Déan deifir!

Déan deifir!

G Cuir gach rud sa seomra ceart.

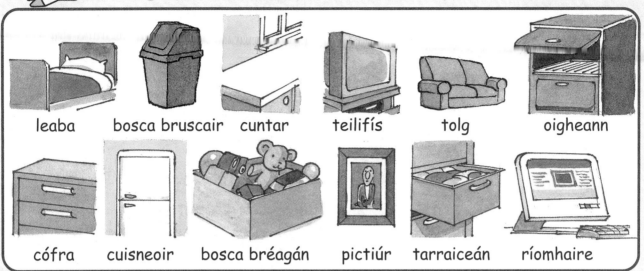

leaba	bosca bruscair	cuntar	teilifís	tolg	oigheann

cófra	cuisneoir	bosca bréagán	pictiúr	tarraiceán	ríomhaire

sa chistin	sa seomra suí	sa seomra codlata
1. cuisneoir	1. _____	1. _____
2. _____	2. _____	2. _____
3. _____	3. _____	3. _____
4. _____	4. _____	4. _____

H Cá bhfuil an bosca bruscair?

Cá bhfuil an bosca bruscair?

Seo é an bosca bruscair.

B'fhearr go mór linne

Cathair ghlan,

Cathair shlán,

Ná bruscar.

Bruscar!

Deireadh go deo

Le bruscar!

Seo iad fir a ghlanta

Ag obair go meidhreach canta.

Seolann siad an

Bosca mór

Ard go leor.

Is Búm! Búm!

Búm! Búm!

Cuirimis uainn

An bruscar!

Brian Ó Baoill

14. Mamaí Bhocht

1

Bhí sé a trí a chlog.
Bhí Mamaí ag athrú clúidín Shéimí.

2

Bhí Neasa agus Rossa ag féachaint ar an teilifís sa seomra suí.

3

Chuala Mamaí cnag ar an doras.

4

Thosaigh Séimí ag caoineadh.

5

Neasa!

Ghlaoigh Mamaí ar Neasa ach níor chuala Neasa í.

6

Rossa!

Ghlaoigh Mamaí ar Rossa ach níor chuala Rossa í.

Rug Mamaí ar Shéimí agus rith sí síos an staighre.

D'oscail Mamaí an doras. Ní raibh aon duine ann.

Neasa! Rossa!

Ansin, phreab an teileafón.

Haló, Haló!

D'ardaigh Mamaí an teileafón. Ní raibh aon duine ann.

Cá bhfuil Neasa agus Rossa?

Shiúil Mamaí isteach sa seomra suí. Níor chuala na páistí í.

Bhí siad ag féachaint ar an teilifís agus ag gáire.

Obair bhaile anois!

Ceart go leor.

Bhí fearg ar Mhamaí. Mhúch sí an teilifís.

A ❓ Cúpla ceist

1. Cad a bhí á dhéanamh ag Mamaí?

   Bhí _____

2. Cad a bhí á dhéanamh ag na páistí?

   _____

3. Céard a chuala Mamaí?

   Chuala _____

4. Cé a thosaigh ag caoineadh?

   _____

5. Ar chuala na páistí Mamaí ag glaoch?

   Níor _____

6. Cé a bhí ag an doras?

   _____

7. Cé a bhí ar an teileafón?

   Ní _____

8. Ar chuala na páistí Mamaí?

   _____

B ✏️ Líon na bearnaí.

D'ardaigh   Chuala   Ghlaoigh   Mhúch   D'oscail

1. _____ Daideo an doras ach ní raibh aon duine ann.

2. _____ an bhanaltra ar an dochtúir inné.

3. _____ Neasa an teileafón agus thosaigh sí ag caint.

4. _____ na páistí cnag ar an doras.

5. _____ an múinteoir an teilifís.

C  Ghlaoigh Mamaí ar na páistí.
Cé a ghlaoigh?

Neasa! Rossa!

| otharcharr | a cara | garda | an madra | na páistí | an dochtúir | an múinteoir |

D  Cé a ghlaoigh?

1. Ghlaoigh Neasa ar a cara, Siobhán.

2. Ghlaoigh Colm ar _____

3. Ghlaoigh Cáit ar _____

4. Ghlaoigh Niall ar _____

5. _____ Eimear ar _____

6. _____ Brian ar an n_____

7. _____ an múinteoir ar _____

E  Ní raibh aon duine ann!

Ní raibh aon duine ann!

Ní raibh aon duine ann!

Le foghlaim: An t-am

a haon a chlog 1:00	a dó a chlog 2:00	a trí a chlog 3:00
a ceathair a chlog 4:00	a cúig a chlog 5:00	a sé a chlog 6:00
a seacht a chlog 7:00	a hocht a chlog 8:00	a naoi a chlog 9:00
a deich a chlog 10:00	a haon déag a chlog 11:00	a dó dhéag a chlog 12:00
ceathrú tar éis a dó 2:15	leathuair tar éis a dó 2:30	ceathrú chun a trí 2:45

 **Cén t-am é?**

1. 8:00   Tá sé _____

2. 12:15   Tá sé _____

3. 4:30   Tá sé _____

4. 7:45   Tá sé _____

5. 5:15   Tá sé _____

6. 9:30   Tá sé _____

7. 3:00   Tá sé _____

8. 6:00   Tá sé _____

G Féach ar amchlár na teilifíse.

1. Cén t-am a thosaigh an clár *Aifric*?
2. Cén t-am a chríochnaigh an clár *Aifric*?
3. Cén clár a thosaigh ar a deich a chlog?
4. Cén clár a chríochnaigh ar a hocht a chlog?
5. Ar fhéach tú ar an teilifís aréir?
6. Cad a chonaic tú?
7. Cén t-am a thosaigh an clár?
8. Cén t-am a chríochnaigh an clár?
9. An raibh an clár go maith?
10. Cé a bhí ar an gclár?

TG4	
6:30	Pop 4
7:00	Aifric
7:30	Beospórt
8:00	Ros na Rún
8:30	Fíorscéal
9:00	Nuacht
9:15	Aimsir
9:20	Comhrá
10:00	Teach Glas

H Léigh agus tarraing.

Tá Daidí agus na páistí sa seomra suí. Tá bláthanna ar an mbord.

Tá teileafón ar an mbord freisin. Tá Daidí ag caint ar an teileafón.

Tá pictiúr ar an mballa. Tá an teilifís ar siúl. Tá Rossa ag féachaint ar an teilifís. Tá a rúitín briste. Tá Neasa ag ól cupán tae. Tá clúidín ar Shéimí.

Tá Séimí ag caoineadh ach tá Clíona ag gáire. Tá bosca bruscair sa seomra suí freisin. Tá clog ar an mballa. Tá sé a seacht a chlog.

ag tabhairt amach

ag sleamhnú

ag imirt peile

ag luascadh

ag troid

ag caoineadh

ag caitheamh

ag cur fola

ag rith

Cad a bhí á dhéanamh ag na páistí?

ag caint

ag gáire

ag ól

ag imirt cártaí

ag téadléimneach

ag ithe

ag cuidiú le

ag súgradh le yó-yó

93

A   Timpiste sa chlós

Am lóin a bhí ann.
Bhí na páistí amuigh sa chlós.
Bhí Neasa ag súgradh le Cáit.
Bhí siad ag rith.
Thit Neasa ar an talamh.
Thosaigh sí ag caoineadh.

Ghlaoigh Cáit ar an múinteoir.
Rith an múinteoir chuig Neasa.

Múinteoir	Cad a tharla?
Neasa	Bhí mé ag rith agus thit mé.
Múinteoir	An bhfuil tú ceart go leor?
Neasa	Nílim. Ghortaigh mé mo ghlúin.
Múinteoir	An bhfuil do ghlúin ag cur fola?
Neasa	Tá agus tá sí an-tinn.
	An bhfuil cead agam dul isteach, más é do thoil é?
Múinteoir	Tá. Glan do ghlúin agus suigh sa halla.
Cáit	An bhfuil cead agamsa dul go dtí an halla freisin?
Múinteoir	Tá. Tabhair aire do Neasa, más é do thoil é.
Neasa	Ochón! Ochón! Tá mo ghlúin an-tinn.
Múinteoir	Mo thrua thú! Isteach leat anois.

Cúpla ceist

1. Cá raibh na páistí ag am lóin?

   _____

2. Cad a bhí á dhéanamh ag Neasa agus Cáit?

   _____

3. Cé a thit ar an talamh?

   _____

4. Céard a rinne Cáit?

   _____

5. An raibh Neasa ceart go leor?

   _____

6. Cé a chuaigh go dtí an halla?

   _____

C ``Seo leat`` **An bhfuil cead agam dul…**

An bhfuil cead agam dul…?

Tá cead agat…   **Níl cead agat…**

An bhfuil cead agam dul…

   …isteach sa halla?

   …go dtí an leithreas?

Críochnaigh na habairtí.

1. An bhfuil cead agam dul amach _____

2. An bhfuil cead agam dul _____

3. An bhfuil cead agam dul go dtí _____

95

briathar	+	**duine**	+	**...**	+	**...**
Thóg		Neasa		an leabhar		as a mála.
D'ith		Rossa		an briosca		sa chistin.
Bhris		Clíona		an cupán		inné.

 Críochnaigh na habairtí.

1. Chuir   ar an mbord.

_____

2. Cheannaigh   sa siopa leabhar.

_____

3. Chonaic   sa chrann.

_____

4. D'oscail   ar scoil.

_____

5. Chuala   ag canadh.

_____

6. Thosaigh   inné.

_____

7. Rith   inné.

_____

8. Chuaigh go dtí inné.

_____

E Mo thrua thú!

F Isteach leat!   Amach leat!

G Scríobh an scéal.   Am lóin

| ag téadléimneach | shuigh | Am lóin | ag cur fola | Thit | ag luascadh |
| halla | Rith | sa chlós | a lámh | príomhoide | ag caoineadh |

____ _____ a bhí ann. Bhí na páistí ag súgradh ____

_____. Bhí Eimear agus Colm ____ _____.

Bhí Clíona ____ _____ ar an luascán. _____

Clíona ar an talamh. Ghortaigh sí ____ _____.

Bhí sé ____ ____ _____. Thosaigh Clíona ____

_____. _____ an príomhoide chuig Clíona.

'Mo thrua thú!' arsa an _____. 'An bhfuil cead agam

dul isteach sa _____? ' arsa Clíona. Chuaigh Clíona isteach

agus _____ sí síos. Clíona bhocht!

16. Sneachta

1

An Chéadaoin a bhí ann.
D'éirigh Rossa ar a hocht a chlog.
D'fhéach sé amach an fhuinneog.

2

Bhí sé ag cur sneachta.
Bhí sneachta sa ghairdín.

3

Bhí éan beag ina shuí ar an gcrann.

4

Neasa! Neasa!

Bhí áthas ar Rossa. Ghlaoigh sé ar Neasa.

5

Déan deifir.
Déanfaimid
fear sneachta.

Ceart go leor.

6

hata

seaicéad

Cuir ort na
buataisí.

Chuir Neasa cóta, seaicéad agus lámhainní uirthi.
Chuir sí stocaí agus buataisí uirthi freisin.

7

Chuir Rossa geansaí, cóta
agus scairf pheile air.

scairf pheile

cóta

lámhainní

Chuir sé lámhainní air freisin.

8

Chuaigh na páistí amach sa ghairdín.
Rinne siad fear sneachta.

98

9 Tar éis tamaill, tháinig Clíona agus Séimí amach sa ghairdín. Bhí cótaí agus buataisí orthu.

A Mhamaí, an bhfuil cead agam dul amach sa ghairdín?

10 Tháinig Gordó amach freisin. Thosaigh sé ag tafann.

11 Chuir na páistí súile agus srón agus béal ar an bhfear sneachta.

12 Séimí Sneachta is ainm dó.

Chuir Clíona hata ar a cheann. Chuir Rossa an scairf pheile ar an bhfear sneachta.

13 Ar an Satharn, chuaigh Rossa amach sa ghairdín. Bhí an ghrian sa spéir. Bhí an hata ar an talamh. Bhí an sneachta imithe. Bhí an fear sneachta imithe. Agus bhí an scairf pheile imithe freisin!

Tá sé imithe!

A Cúpla ceist

1. Cén lá a bhí ann?

   _____

2. Cén t-am a d'éirigh Rossa?

   _____

3. Céard a rinne sé?

   _____

4. Cé a chuaigh amach sa ghairdín?

   _____

5. Céard a rinne siad?

   _____

6. Cad iad na héadaí a chuir siad ar an bhfear sneachta?

   _____

7. Ar an Satharn, céard a bhí ar an talamh?

   _____

8. Cá raibh an scairf?

   _____

B Athscríobh na habairtí.

1. ar na páistí   Ghlaoigh   ar a hocht a chlog   Daidí

   _____

2. éan beag   inné   ar an gcrann   Bhí

   _____

3. an fhuinneog   D'fhéach   agus   fear sneachta   amach   chonaic sé   Rossa

   _____

4. sa spéir   Bhí   an fear sneachta   agus   bhí   imithe   an ghrian

   _____

C  Thug Neasa leabhar do Rossa.

 Thug Neasa cic don liathróid.	Thug an siopadóir milseáin do Rossa.	Thug Mamaí póg do Dhaidí.

1. Thug Mamaí póg do Neasa.

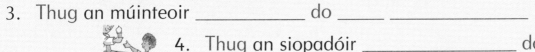

2. Thug Mamaí _____ do _____

3. Thug an múinteoir _____ do ____ _____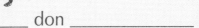

4. Thug an siopadóir _____ do _____

5. Thug Gordó _____ don _____

6. Thug an buachaill _____ don _____

D  Déanfaimid...

 ceapaire	an obair bhaile	fear sneachta	cárta	cáca

1. Déanfaimid an obair bhaile.

2. Déanfaimid _____

3. Déanfaimid _____

4. Déanfaimid ____ _____

5. Déanfaimid _____

E Tá sé imithe!

 Tá an fear sneachta sa ghairdín.	Tá sé imithe!	 Tá an bus ag stad an bhus.	Tá sé imithe!	Tá Gordó ag siúl síos an bóthar.	Tá sé imithe!

Le foghlaim

- An Domhnach
  - An Luan
    - An Mháirt
      - An Chéadaoin
        - An Déardaoin
          - An Aoine
            - An Satharn

D	L	M	C	D	A	S
		1	2	3	4	5
6	7	8	9	10	11	12
13	14	15	16	17	18	19
20	21	22	23	24	25	26
27	28	29	30			

Cén lá atá ann inniu?   Cén lá a bhí ann inné?

_____ _____ atá ann.   _____ _____ a bhí ann.

Críochnaigh na habairtí.

1. An Domhnach a bhí ann.

   Chuaigh _____

2. An Luan a bhí ann.

   Bhí _____

3. An Mháirt a bhí ann.

   Chuir _____

4. An Chéadaoin a bhí ann.

   Thug _____

5. An Déardaoin a bhí ann.

   Tháinig _____

6. An Aoine a bhí ann.

   Rinne _____

7. An Satharn a bhí ann.

   Ghlaoigh _____

G Ceangail agus scríobh.

1. seaicéad •

2. hata •

3. lámhainní •

4. anarac •

5. t-léine •

6. scairf •

7. carbhat •

8. blús •

9. buataisí •

10. cóta •

11. geansaí •

12. stocaí •

seaicéad _____

_____

_____

_____

_____

_____

_____

_____

_____

H Fear Sneachta

Fear sneachta mise,

Fear breá groí.

Tá gach aon rud agam

Ach amháin – an croí.

Ní shilim riamh aon deora.

Níl ach sneachta i mo chliabh.

Éist leis seo, a pháistí,

Ní dhearna mé gáire riamh.

– *Gabriel Rosenstock*

Súil Siar D

A Abairtí Iontacha

1. Chuir slacht ar an ar maidin.

_____

2. Rith síos an agus d'oscail sé .

_____

3. Thit sa chlós agus ghortaigh sé a .

_____

4. Chuaigh go dtí an inné.

_____

5. Thug   don mhadra inné.

_____

B Briathra Beo

Ní raibh	D'éirigh	D'ól	Thug	Phioc	Shiúil

1. _____ Mamó ar a hocht a chlog ar maidin.

2. _____ na páistí go dtí an t-ollmhargadh.

3. _____ an bhanaltra cic don liathróid.

4. _____ Séimí ag déanamh an fear sneachta inné.

5. _____ an siopadóir suas an nuachtán.

6. _____ Daidí cupán tae sa chistin.

C Crosfhocal

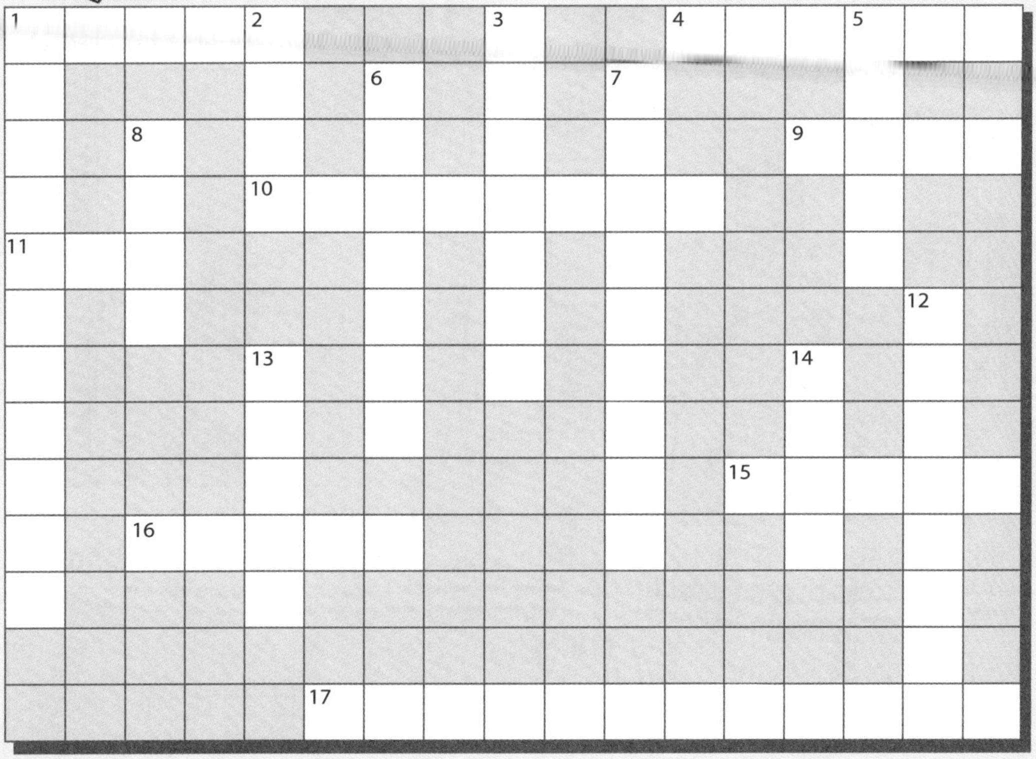

[Crossword grid with numbered squares: 1, 2, 3, 4, 5 across the top row; 6, 7; 8, 9; 10; 11; 12; 13, 14; 15; 16; 17]

Trasna

1.

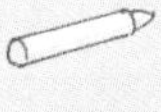

4.

9.

10.

11.

15.

16.

17.

Síos

1.

2.

3.

5. [image]

6. [image]

7. [image]

8. Táim i _____ a trí.

12. [image]

13. [image]

14. [image]

D Labhair leat

Mo thrua thú!

Déan deifir!

Déanfaimid…

Ní raibh aon duine ann!

trína chéile

Amach leat!

Cuir slacht ar…

Isteach leat!

Tá sé imithe!

105

17. Sos do Dhaidí

Bhí Daidí ag obair ó Luan go Satharn.

Ar an Domhnach, dhún sé an siopa ar a dó a chlog. Chuaigh sé abhaile.

Chuaigh Daidí isteach sa seomra suí agus shuigh sé síos.

Chas sé ar siúl an teilifís.
Bhí cluiche iománaíochta ar siúl ar TG4.

Bhí cluiche cispheile ar siúl ar RTÉ.

Is maith liom a bheith ag féachaint ar spórt.

Léim Daidí ó chlár go clár agus d'fhéach sé ar na cluichí.

A Cúpla ceist

1. Cén t-am a dhún Daidí an siopa?

   _____

2. Cad a bhí ar siúl ar RTÉ?

   _____

3. Céard a bhí ar siúl ar an raidió?

   _____

4. Ar ghlaoigh Mamaí ar Dhaidí?

   _____

5. Ar chuala Daidí Mamaí ag caint?

   _____

6. An maith leat spórt?

   _____

B Ceart nó mícheart?

	ceart ✓	mícheart ✗
1. Dhún Daidí an siopa ar a dó a chlog.	☐	☐
2. Chuaigh sé isteach sa chistin.	☐	☐
3. Chas Daidí an teilifís ar siúl.	☐	☐
4. Bhí cluiche peile ar siúl ar TG4.	☐	☐
5. D'fhéach Daidí ar *An Nuacht*.	☐	☐
6. D'éist Daidí leis an iPod.	☐	☐
7. Phioc Daidí suas an leabhar.	☐	☐
8. D'fhéach sé ar an leathanach spóirt.	☐	☐
9. Shiúil Mamaí isteach sa seomra suí.	☐	☐
10. Ghlaoigh Mamaí ar na páistí.	☐	☐
11. Bhí Daidí ag féachaint ar an raidió agus ag éisteacht leis an teilifís.	☐	☐

C   **D'fhéach Daidí ar na cluichí.**

1. D'fhéach Noasa ar an gcluiche peile.

 2. D'fhéach _____ ar an _____

3. D'fhéach _____ ar an _____

 4. D'fhéach _____ ar an _____

5. _____

 6. _____

D  **D'éist Daidí leis an raidió.**

1. D'éist Colm leis an iPod.

 2. D'éist _____ leis an scéal.

3. D'éist an múinteoir leis an _____

 4. D'éist _____ leis an _____

5. D'éist _____ _____ an _____

6. _____

E **Bhí cluiche peile ar siúl.**

Bhí cluiche cispheile ar siúl.

Bhí cluiche sacair ar siúl.

Bhí cluiche iománaíochta ar siúl.

F Le foghlaim: Ceisteanna agus freagraí

Ceist (?)	Freagra (✓)	Freagra (✗)
Ar ghlaoigh	Ghlaoigh	Níor ghlaoigh
Ar tháinig	Tháinig	Níor tháinig
Ar thóg	Thóg	Níor thóg
Ar dhún	Dhún	Níor dhún
Ar chuir	Chuir	Níor chuir
Ar bhris	Bhris	Níor bhris
Ar thosaigh	Thosaigh	Níor thosaigh
Ar ghlan	Ghlan	Níor ghlan
Ar shuigh	Shuigh	Níor shuigh
Ar oscail	D'oscail	Níor oscail
Ar ól	D'ól	Níor ól

1. Ar dhún Daidí an siopa ar a dó a chlog?

   _____ Daidí an siopa ar a dó a chlog.

   2. Ar shuigh Mamaí síos sa seomra suí?

   _____ Mamaí síos sa seomra suí.

3. Ar ghlaoigh an múinteoir ar na páistí?

   _____ an múinteoir ar na páistí.

   4. Ar tháinig Niall isteach sa halla?

   _____ Niall isteach sa halla.

5. Ar thosaigh Brian ag léamh?

   _____ Brian ag léamh.

   6. Ar ghlan Eimear an bord?

   _____ Eimear an bord.

7. Ar ith Gordó na brioscaí?

   _____ Gordó na brioscaí.

   8. Ar bhris na páistí an fhuinneog?

   _____ na páistí an fhuinneog.

G Is maith liom a bheith ag...

Is mise Daidí.

Is maith liom a bheith ag féachaint ar an teilifís.

Is maith liom a bheith ag éisteacht leis an raidió.

Is maith liom a bheith ag léamh.

H Críochnaigh na habairtí.

ag rith   ag imirt sacair   ag iománaíocht   ag scríobh   ag imirt gailf

1. Is mise Shay Given.

   Is maith liom a bheith _____

2. Is mise Cecelia Ahern.

   Is maith liom a bheith _____

3. Is mise Seán Óg Ó hAilpín.

   Is maith liom a bheith _____

4. Is mise Derval O'Rourke.

   Is maith liom a bheith _____

5. Is mise Pádraig Harrington.

   Is maith liom a bheith _____

I Bailigh pictiúir agus críochnaigh na habairtí.

1. Is mise _____

   Is maith liom a bheith _____

2. Is mise _____

   Is maith liom a bheith _____

peann
€1·00

bosca crián
30c

sóinseáil

áireamhán
€5·00

cúntóir ranga

cóipleabhar
20c, 35c

peann dearg,
peann gorm,
peann dubh
20c

airgead

rialóir
20c

siosúr
€1·50

bosca cailce
50c

leabhar gearrthóg
80c

 **A** **Sa siopa scoile**

Bhí na páistí ar scoil.
Bhí sé a deich a chlog.

Bhí sé in am dul go dtí an siopa.
Chuir Neasa suas a lámh.

Múinteoir	Sea, a Neasa.
Neasa	An bhfuil cead agam rialóir a fháil sa siopa?
Múinteoir	Tá, ach cheannaigh tú rialóir inné, a Neasa.
Neasa	D'ith Gordó an rialóir sin.
Brian	Go bhfóire Dia orainn!
Múinteoir	Ceart go leor. Ar aghaidh leat go dtí an siopa. Déan deifir!

Chuaigh Neasa go dtí an siopa.

Bhí an cúntóir ranga ag obair sa siopa.

Phioc Neasa suas an rialóir.

Neasa	Cén praghas atá air seo?
Cúntóir	Fiche cent, más é do thoil é.
Neasa	Seo euro duit.
Cúntóir	Seo duit an tsóinseáil, ochtó cent.
Neasa	Go raibh maith agat.
Cúntóir	Tá fáilte romhat!
Neasa	Slán go fóill.
Cúntóir	Slán!

B Cúpla ceist

1. Cá raibh na páistí?

   _____

2. Cé a chuaigh go dtí an siopa?

   _____

3. Cén t-am a chuaigh sí go dtí an siopa?

   _____

4. Cé a bhí ag obair sa siopa?

   _____

5. Cad a tharla do rialóir Neasa?

   _____

6. Cad a cheannaigh Neasa?

   _____

7. Cén praghas a bhí air?

   _____

8. Cén tsóinseáil a fuair sí?

   _____

C Seo leat... An bhfuil cead agam rialóir a fháil?

An bhfuil cead agam... a fháil?

Tá.	Níl.
Tá cead agat.	**Níl cead agat.**

An bhfuil cead agam peann luaidhe a fháil?

An bhfuil cead agam leabhar nua a fháil?

Críochnaigh na habairtí.

1. An bhfuil cead agam _____ a fháil?
2. An bhfuil cead agam _____ a fháil?
3. An bhfuil cead agam _____ nua a fháil?

D  Airgead!

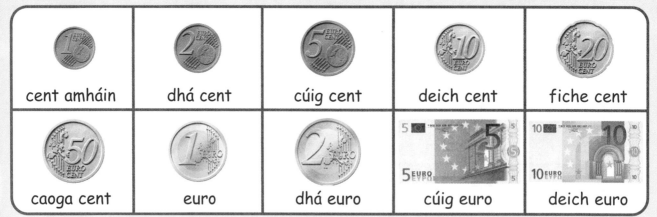

cent amháin	dhá cent	cúig cent	deich cent	fiche cent
caoga cent	euro	dhá euro	cúig euro	deich euro

 Cén praghas atá air?

1. Tá nócha _____ air.

2. Tá _____ _____ air.

3. Tá _____ _____ air.

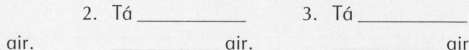

4. Tá _____ _____ air.

5. Tá _____ _____ air.

6. Tá _____ _____ air.

7. Tá _____ _____ air.

8. Tá _____ _____ air.

9. Tá _____ _____ air.

E Scríobh an tsóinseáil a fuair tú.

1. 20c fiche cent

2. 5c _____

3. €1 _____

4. 1c _____

F Seo leat... **Seo duit...**

1. Seo duit an _____

2. Seo duit an _____

3. Seo duit an _____

4. Seo duit an _____

5. Seo duit an _____

6. Seo duit an _____

G **An bhfuil na siopaí seo in aice leat?**
Cuir tic sa bhosca ceart.

		Tá.	Níl.	Níl a fhios agam.
1.	ollmhargadh	☐	☐	☐
2.	siopa búistéara	☐	☐	☐
3.	siopa cácaí	☐	☐	☐
4.	siopa leabhar	☐	☐	☐
5.	siopa bróg	☐	☐	☐
6.	siopa éadaí	☐	☐	☐
7.	siopa ceoil	☐	☐	☐
8.	siopa cártaí	☐	☐	☐
9.	siopa bláthanna	☐	☐	☐
10.	siopa milseán	☐	☐	☐
11.	siopa spóirt	☐	☐	☐
12.	siopa bréagán	☐	☐	☐

19. Ag Súgradh sa Pháirc

1 An Pháirc

An t-earrach a bhí ann. Bhí sé gaofar ach ní raibh sé fuar. Chuaigh Neasa, Rossa agus Gordó go dtí an pháirc.

A Cuir an uimhir cheart i ngach bosca.

☐ Tar éis tamaill, thit an eitleog ar an talamh.
Rug Gordó ar an téad.

1 An t-earrach a bhí ann. Bhí sé gaofar ach ní raibh sé fuar.
Chuaigh Neasa, Rossa agus Gordó go dtí an pháirc.

☐ Ar a trí a chlog, chuaigh an ceathrar acu go dtí an loch.
Thug siad arán do na lachain.

☐ Bhí eitleog nua ag Rossa. Thosaigh sé ag rith.
D'eitil an eitleog go hard sa spéir.

☐ Rith Gordó timpeall agus timpeall na páirce.
Bhí an eitleog ag damhsa sa spéir.

☐ Ansin, bhuail na páistí le Dónal agus Siobhán.
Bhí siad ag scátáil sa pháirc.

B Scríobh an scéal faoi na pictiúir ar leathanach 118.

C Scríobh an scéal.

Lá sa Pháirc

Rug	go dtí	a bhí ann	ar an talamh	an loch	Rith
trí a chlog	arán	eitleog	ag tafann	an bheirt acu	sa spéir

An t-earrach ____ ____ _____. Bhí sé gaofar ach ní raibh sé fuar. Chuaigh Neasa, Rossa agus Gordó ___ _____ an pháirc. Bhí eitleog nua ag Rossa. Rug Rossa ar an _____ agus thosaigh sé ag rith. _____ Gordó timpeall agus timpeall na páirce. Bhí an eitleog ag damhsa sa spéir. Thosaigh Gordó _____ _____. D'eitil an eitleog go hard _____ _____. Tar éis tamaill, thit an eitleog _____ ____ _____. _____ Gordó ar an téad. Ansin, bhuail na páistí le Dónal agus Siobhán. Bhí ___ _____ _____ ag scátáil timpeall na páirce. Ar a ____ __ _____, chuaigh an ceathrar acu go dtí ____ _____. Thug siad _____ do na lachain. Bhí an-spórt acu.

D Cúpla ceist

1. Cén séasúr a bhí ann?

   _____

2. Cén saghas lae a bhí ann?

   _____

3. Cá ndeachaigh Neasa agus Rossa?

   Chuaigh _____

4. Cad a bhí ag Rossa?

   _____

5. Céard a rinne Gordó?

   _____

6. Cad a bhí á dhéanamh ag Dónal agus Siobhán?

   _____

7. Cathain a chuaigh an ceathrar acu go dtí an loch?

   _____

8. Céard a rinne na páistí ag an loch?

   _____

E Athscríobh na habairtí.

1. go dtí   ar a dó a chlog   na páistí   Chuaigh   an loch

   _____

2. do Rossa   Thug   eitleog nua   Daideo

   _____

3. na lachain   D'ith   an t-arán   inné

   _____

4. an triúr acu   an leabharlann   go dtí   Chuaigh

   _____

F **Rug Gordó ar an téad.**

an madra	an eitleog	an t-úll
an mála scoile	an liathróid	an rothar

1. Rug Colm ar _____

 2. Rug an múinteoir ar _____

3. Rug _____ ar _____

 4. Rug _____ ar _____

5. Rug _____ ar _____

 6. Rug _____ ar _____

G  **Chuaigh an ceathrar acu go dtí an loch.**

an bheirt acu	an triúr acu	an ceathrar acu	an cúigear acu	an seisear acu

Líon na bearnaí.

1. Bhí Neasa, Rossa, Clíona agus Séimí sa seomra suí.

   Bhí _____ ag féachaint ar an teilifís.

2. Bhí Mamaí agus Daidí sa chistin.

   Bhí _____ ag ól tae.

3. Chuaigh Neasa, Colm, Siobhán, Dónal agus Cáit amach sa chlós.

   Thosaigh _____ ag súgradh.

4. Bhí Brian, Eimear agus Rossa sa seomra suí.

   Bhí _____ ag éisteacht leis an iPod.

5. Chuaigh na páistí go dtí an baile mór.

   Bhí _____ sa bhaile mór.

H  Le foghlaim

An ndeachaigh...?

Chuaigh...   Ní dheachaigh...

An ndeachaigh na páistí go dtí an pháirc?
Chuaigh na páistí go dtí an pháirc.

An ndeachaigh na páistí go dtí an leabharlann?
Ní dheachaigh na páistí go dtí an leabharlann.

1. An ndeachaigh Eimear agus Siobhán ar scoil?
_____ Eimear agus Siobhán ar scoil.

2. An ndeachaigh Eimear agus Siobhán ag siopadóireacht?
_____ Eimear agus Siobhán ag siopadóireacht.

3. An ndeachaigh an múinteoir abhaile ar a ceathair a chlog?
_____ an múinteoir abhaile ar a ceathair a chlog.

4. An ndeachaigh Gordó isteach sa loch?
_____ Gordó isteach sa loch.

5. An ndeachaigh an príomhoide amach sa chlós?
_____ an príomhoide amach sa chlós.

6. An ndeachaigh Clíona amach sa ghairdín?
_____ Clíona amach sa ghairdín.

I Na Míonna agus na Séasúir

The wheel shows the months and seasons:
Márta, Aibreán, Bealtaine, Meitheamh, Iúil, Lúnasa, Meán Fómhair, Deireadh Fómhair, Samhain, Nollaig, Eanáir, Feabhra

An t-earrach, An samhradh, An fómhar, An geimhreadh

J Déan liosta de na míonna i ngach séasúr.

An t-earrach	An samhradh	An fómhar	An geimhreadh
1. F_____	1. B_____	1. L_____	1. S_____
2. M_____	2. M_____	2. M_____	2. N_____
3. A_____	3. I_____	3. D_____	3. E_____
		_____	

1. Cén mhí atá ann anois? _____

2. Cén séasúr atá ann anois? _____

3. An maith leat an séasúr seo? _____

4. Cén fáth? _____

123

20. Pancóga

1

Máirt na bPancóg a bhí ann.
Bhí sé leathuair tar éis a trí.
Tháinig na páistí abhaile ón scoil
agus rinne siad an obair bhaile.
Ansin, d'fhéach siad ar an teilifís.
Bhí cartún ar siúl.

2

Bhí Daidí, Mamaí agus Séimí sa chistin.
Bhí plúr, ubh, im agus bainne ar an mbord.

plúr   bainne

PLÚR

im   ubh

Rinne Daidí na pancóga. **3**

Chuir sé sú líomóidí
agus siúcra orthu. **4**

5

Chuir sé na pancóga san oigheann.

6

Ghlaoigh Mamaí ar na páistí.
Rith na páistí isteach sa chistin.

7

Shuigh an ceathrar acu ag an mbord.

8

Is breá liom pancóga!

Thosaigh siad ag ithe.

9

Chas Daidí timpeall ach bhí na pancóga imithe.

Daidí   'Cá bhfuil na pancóga go léir?'

Clíona   'Tá na pancóga imithe.

         D'ith Rossa na pancóga.'

Rossa   'Níor ith. D'ith Gordó na pancóga!'

Rinne Mamaí sé phancóg eile.

10

Chuir sí spúnóg uachtair reoite ar na pancóga.

11

Rollaigh sí suas na pancóga.

12

Chuir sí anlann seacláide orthu.

13

D'ith an chlann na pancóga. Bhí siad go hálainn. Ghlan Rossa an pláta lena mhéar. Chonaic Mamaí é.

Rossa! Cad atá á dhéanamh agat?

Gabh mo leithscéal.

Thosaigh Rossa ag gáire agus ansin d'ith sé pancóg eile fós.
Thosaigh Mamaí ag gáire freisin.

125

A ![icon] Cúpla ceist

1. Cad a rinne na páistí nuair a tháinig siad abhaile?

   _____

2. Cé a bhí sa chistin?

   _____

3. An ndearna Daidí na pancóga?

   Rinne _____

4. Cad a chuir Daidí ar na pancóga?

   _____

5. Cé a d'ith na pancóga?

   _____

6. Cad a chuir Mamaí ar na pancóga?

   _____

7. An raibh na pancóga go deas?

   _____

B ![icon] Ceart nó mícheart?

	ceart ✓	mícheart ✗
1. Máirt na bPancóg a bhí ann.	☐	☐
2. Tháinig na páistí abhaile ón bpáirc.	☐	☐
3. Bhí Mamaí agus Daidí sa chistin.	☐	☐
4. Rinne Clíona na pancóga.	☐	☐
5. Chuir Daidí na pancóga sa bhosca bruscair.	☐	☐
6. Am tae a bhí ann.	☐	☐
7. Shuigh na páistí ag an gcuntar.	☐	☐
8. Is breá le Rossa pancóga.	☐	☐
9. D'ith Gordó na pancóga go léir.	☐	☐
10. Rinne Mamaí cúig phancóg eile.	☐	☐
11. Chuir sí spúnóg uachtair reoite ar na pancóga.	☐	☐
12. Ghlan Daidí an pláta lena mhéar.	☐	☐

C ✏️ Athscríobh na habairtí.

1. an príomhoide   Níor ith   inné   na pancóga

   _____

2. sa séipéal   an sagart   ar an Satharn   Níor shuigh

   _____

3. sa seomra suí   Níor fhéach   ar an teilifís   na páistí

   _____

4. Gordó   sa chistin   isteach   ar a dó a chlog   Níor tháinig

   _____

5. sa bhosca bruscair   Níor chuir   na brioscaí   Brian agus Cáit

   _____

6. an bord dúlra   sa seomra ranga   an múinteoir   Níor ghlan

   _____

D ✏️ Críochnaigh na habairtí.

1. Tháinig _____

2. D'fhéach _____

3. Bhí _____

4. Chuir _____

5. Rinne _____

6. Rith _____

7. Chonaic _____

8. Níor ghlan _____

9. Níor thosaigh _____

10. Níor ith _____

E  **Le foghlaim**

An ndearna...?

Rinne...   **Ní dhearna...**

An ndearna Daidí na pancóga?
Rinne Daidí na pancóga.

An ndearna Mamaí na pancóga?
Ní dhearna Mamaí na pancóga.

1. An ndearna Mamó cáca milis?

   _____ Mamó cáca milis.

2. An ndearna Daideo cáca milis?

   _____ Daideo cáca milis.

3. An ndearna Rossa agus Neasa an obair bhaile?

   _____ Rossa agus Neasa an obair bhaile.

4. An ndearna Gordó fear sneachta?

   _____ Gordó fear sneachta.

5. An ndearna an sagart cupán tae?

   _____ an sagart cupán tae.

6. An ndearna an dochtúir ceapaire sa chistin?

   _____ an dochtúir ceapaire sa chistin.

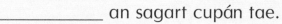

F Gabh mo leithscéal!

 Gabh mo leithscéal!

 Gabh mo leithscéal!

 Gabh mo leithscéal!

 Gabh mo leithscéal!

G Is breá liom...   Ní maith liom...

Is breá liom pancóga!	Is breá liom an t-earrach.	Is breá liom an Cháisc.	Is breá liom milseáin.	Ní maith liom obair bhaile!

Is breá liom...

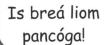

1. _____
2. _____
3. _____
4. _____

Ní maith liom...

1. _____
2. _____
3. _____
4. _____

H Le foghlaim: Ócáidí speisialta

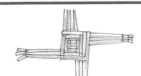		
Lá Fhéile Bríde	Máirt na bPancóg	Lá Fhéile Pádraig
An Cháisc	Oíche Shamhna	An Nollaig

 Cén ócáid speisialta is maith leatsa?

Súil Siar E

A   Scríobh an briathar ceart.

1. _____ an madra ar an téad.

                                          Dhún
  Bhuail
  Rug

2. _____ an siopadóir an fhuinneog ar maidin.

  D'éist
  Ghlan
  Chuir

3. _____ na páistí leis an múinteoir.

  Fuair
  Léim
  Bhuail

4. _____ an triúr acu arán do na lachain.

  Rinne
  Thug
  Ghlaoigh

5. _____ Daideo síos ar an luascán inné.

  Chuaigh
  Shuigh
  Thit

6. _____ an sagart cáca milis sa chistin.

  Tháinig
  Rinne
  Phioc

7. _____ Mamó uachtar reoite sa pháirc.

  D'eitil
  D'oscail
  D'ith

8. _____ an peileadóir leis an raidió.

  D'éist
  Thosaigh
  Fuair

B **Scríobh an focal ceart faoi gach pictiúr.**

_____

_____

_____

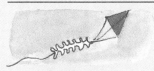

_____

_____

_____

_____

_____

_____

C **Scríobh an scéal.**

Bhí [img] _____ _____ ar siúl sa pháirc. Chuaigh Mamaí,

Neasa agus [img] _____ go dtí an cluiche. Ní dheachaigh

[img] _____ agus Séimí go dtí an cluiche. Ag an gcluiche,

cheannaigh Mamaí [img] _____ agus úll do na páistí. Thug sí

euro don siopadóir. 'Seo duit an [img] _____, fiche cent,' arsa an

siopadóir. Thug Mamaí [img] _____ do Neasa agus oráiste do Rossa.

'Neasa, seo duit úll,' arsa Mamaí. 'Rossa, seo duit oráiste,' arsa Mamaí.

'Ní maith liom úlla,' arsa [img] _____. 'Ní maith liom oráistí, ach

is maith liom [img] _____,' arsa Rossa. 'Go bhfóire Dia orainn,'

arsa Mamaí. Ansin thug sí úll do Rossa agus oráiste do Neasa.

Bhí an [img] _____ acu sásta ansin. Thosaigh an cluiche ar a

[img] _____ a chlog. Fuair [img] _____ amháin trí chúl.

'Is maith liom a bheith ag [img] _____ ar chluiche peile,'

arsa Neasa agus Rossa le chéile. Chuaigh siad [img] _____ ar a

cúig a chlog. Rinne Daidí agus Séimí [img] _____. D'ith an chlann

na pancóga go léir. Bhí an-lá acu.

131

BRIATHRA – AN AIMSIR CHAITE

Sheas mé suas.

Níor sheas mé suas.

Dearfach

- Bhris mé – I broke
- Bhuail mé – I hit
- Chaith mé – I threw
- Chas mé – I turned
- Chroch mé – I hung
- Chuir mé – I put
- Dhún mé – I closed
- D'fhan mé – I waited
- D'fhéach mé – I looked
- Ghlan mé – I cleaned
- Las mé – I lit
- Léim mé – I jumped
- Phioc mé – I picked
- Phreab mé – I bounced
- Rith mé – I ran
- Scuab mé – I swept
- Sheas mé – I stood
- Shiúil mé – I walked
- Shroich mé – I reached
- Thit mé – I fell
- Thóg mé – I took
- Shuigh mé – I sat
- D'éist mé – I listened
- D'inis mé – I told

Diúltach

Níor bhris mé – I didn't break
Níor bhuail mé – I didn't hit
Níor chaith mé – I didn't throw / wear
Níor chas mé – I didn't turn
Níor chroch mé – I didn't hang
Níor chuir mé – I didn't put
Níor dhún mé – I didn't close
Níor fhan mé – I didn't wait
Níor fhéach mé – I didn't look
Níor ghlan mé – I didn't clean
Níor las mé – I didn't light
Níor léim mé – I didn't jump
Níor phioc mé – I didn't pick
Níor phreab mé – I didn't bounce
Níor rith mé – I didn't run
Níor scuab mé – I didn't sweep
Níor sheas mé – I didn't stand
Níor shiúil mé – I didn't walk
Níor shroich mé – I didn't reach
Níor thit me – I didn't fall
Níor thóg mé – I didn't take
Níor shuigh mé – I didn't sit
Níor éist mé – I didn't listen
Níor inis mé – I didn't tell

BRIATHRA – AN AIMSIR CHAITE

D'ól mé gloine oráiste.

Níor ól mé mo dhinnéar.

Dearfach	Diúltach
• Bhailigh mé – I collected	Níor bhailigh mé – I didn't collect
• Dhúisigh mé – I woke up	Níor dhúisigh mé – I didn't wake up
• Ghlaoigh mé – I called	Níor ghlaoigh mé – I didn't call
• Cheannaigh mé – I bought	Níor cheannaigh mé – I didn't buy
• Chríochnaigh mé – I finished	Níor chríochnaigh mé – I didn't finish
• Ghortaigh mé – I hurt	Níor ghortaigh mé – I didn't hurt
• Rollaigh mé – I rolled	Níor rollaigh mé – I didn't roll
• Thosaigh mé – I started	Níor thosaigh mé – I didn't start
• D'athraigh mé – I changed	Níor athraigh mé – I didn't change
• D'éirigh mé – I got up	Níor éirigh mé – I didn't get up
• D'eitil mé – I flew	Níor eitil mé – I didn't fly
• D'oscail mé – I opened	Níor oscail mé – I didn't open
• Tharraing mé – I pulled / I drew	Níor tharraing mé – I didn't pull / draw

NA BRIATHRA NEAMHRIALTA

• Bhí mé – I was	Ní raibh mé – I wasn't
• Chonaic mé – I saw	Ní fhaca mé – I didn't see
• Chuaigh mé – I went	Ní dheachaigh mé – I didn't go
• Chuala mé – I heard	Níor chuala mé – I didn't hear
• D'ith mé – I ate	Níor ith mé – I didn't eat
• Dúirt mé – I said	Ní dúirt mé – I didn't say
• Fuair mé – I got	Ní bhfuair mé – I didn't get
• Rinne mé – I did / I made	Ní dhearna mé – I didn't do / make
• Rug mé – I caught	Níor rug mé – I didn't catch
• Tháinig mé – I came	Níor tháinig mé – I didn't come
• Thug mé – I gave	Níor thug mé – I didn't give

LAETHANTA

An Domhnach – Sunday – Dé Domhnaigh
An Luan – Monday – Dé Luain
An Mháirt – Tuesday – Dé Máirt
An Chéadaoin – Wednesday – Dé Céadaoin
An Déardaoin – Thursday – Déardaoin
An Aoine – Friday – Dé hAoine
An Satharn – Saturday – Dé Sathairn

D	L	M	C	D	A	S
		1	2	3	4	5
6	7	8	9	10	11	12
13	14	15	16	17	18	19
20	21	22	23	24	25	26
27	28	29	30			

MÍONNA

Eanáir	January	Mí Eanáir
Feabhra	February	Mí Feabhra
Márta	March	Mí **an** Mhárta
Aibreán	April	Mí Aibreáin
Bealtaine	May	Mí **na** Bealtaine
Meitheamh	June	Mí **an** Mheithimh
Iúil	July	Mí Iúil
Lúnasa	August	Mí Lúnasa
Meán Fómhair	September	Mí Mheán Fómhair
Deireadh Fómhair	October	Mí Dheireadh Fómhair
Samhain	November	Mí **na** Samhna
Nollaig	December	Mí **na** Nollag

SÉASÚIR

An t-earrach
Feabhra
Márta
Aibreán

An samhradh
Bealtaine
Meitheamh
Iúil

An fómhar
Lúnasa
Meán Fómhair
Deireadh Fómhair

An geimhreadh
Samhain
Nollaig
Eanáir

AN CLOG

AM

a ceathair a chlog		leathuair tar éis a dó

1:00	a haon a chlog		2:05	cúig tar éis a dó
2:00	a dó a chlog		2:10	deich tar éis a dó
3:00	a trí a chlog		2:15	ceathrú tar éis a dó
4:00	a ceathair a chlog		2:20	fiche tar éis a dó
5:00	a cúig a chlog		2:25	fiche cúig tar éis a dó
6:00	a sé a chlog		2:30	leathuair tar éis a dó
7:00	a seacht a chlog		2:35	fiche cúig chun a trí
8:00	a hocht a chlog		2:40	fiche chun a trí
9:00	a naoi a chlog		2:45	ceathrú chun a trí
10:00	a deich a chlog		2:50	deich chun a trí
11:00	a haon déag a chlog		2:55	cúig chun a trí
12:00	a dó dhéag a chlog			

Cén t-am é?

7:00	3:15	2:30	8:45	5:20	11:05	4:55
9:10	6:25	10:35	12:40	1:50	12:00	3:30

AMANNA

inné – yesterday

inniu – today

amárach – tomorrow

ar maidin – in the morning

um thráthnóna – in the afternoon

ag am bricfeasta – at breakfast time

ag am lóin – at lunchtime

ag am dinnéir – at dinner time

ag am tae – at teatime

go tobann – suddenly

ansin – then

tar éis tamaill – after a while

go moch ar maidin – early in the morning

an tseachtain seo caite – last week

an tseachtain seo chugainn – next week

an bhliain seo caite – last year

an bhliain seo chugainn – next year

ag am suipéir – at supper time

UIMHREACHA 1, 2, 3... 1, 2, 3... 1, 2, 3...

1	a haon – one		**20**	fiche – twenty
2	a dó – two		**30**	tríocha – thirty
3	a trí – three		**40**	daichead – forty
4	a ceathair – four	**5**	**50**	caoga – fifty
5	a cúig – five		**60**	seasca – sixty
6	a sé – six		**70**	seachtó – seventy
7	a seacht – seven		**80**	ochtú – eighty
8	a hocht – eight		**90**	nócha – ninety
9	a naoi – nine		**100**	céad – one hundred
10	a deich – ten		**200**	dhá chéad – two hundred

DAOINE

duine – one person
beirt – two people
triúr – three people
ceathrar – four people
cúigear – five people
seisear – six people
seachtar – seven people
ochtar – eight people
naonúr – nine people
deichniúr – ten people

DÁTAÍ

an chéad – the first
an dara – the second
an tríú – the third
an ceathrú – the fourth
an cúigiú – the fifth
an séú – the sixth
an seachtú – the seventh
an t-ochtú – the eighth
an naoú – the ninth
an deichiú – the tenth

DATHANNA

dearg – red	oráiste – orange	buí – yellow	glas – green
gorm – blue	corcra – purple	donn – brown	dubh – black
liath – grey	bándearg – pink	dúghorm – navy	bán – white

MOTHÚCHÁIN

Tá áthas orm – I am happy

Tá brón orm – I am sorry

Tá tart orm – I am thirsty

Tá ocras orm – I am hungry

Tá eagla orm – I am afraid

Tá fearg orm – I am angry

Tá deifir orm – I am in a hurry

Tá náire orm – I am ashamed

Tá tuirse orm – I am tired

Tá imní orm – I am worried

Tá díomá orm – I am disappointed

Bhí áthas air – He was happy

Bhí brón air – He was sorry

Bhí tart air – He was thirsty

Bhí ocras air – He was hungry

Bhí eagla air – He was afraid

Bhí fearg air – He was angry

Bhí deifir air – He was in a hurry

Bhí náire air – He was ashamed

Bhí tuirse air – He was tired

Bhí imní air – He was worried

Bhí díomá air – He was disappointed

RÉAMHFHOCAIL

ar an – on the

faoin – under the

ag an – at the

den – of the / off the

thar an – over the

tríd an – through the

as an – out of the

sa / san – in the

leis an – with the

go dtí an – to the

trasna – across the

timpeall – around the

suas – up

síos – down

amach – out

isteach – in

Táim faoin mbord.

CEISTEANNA

Cé? – Who?

Cad? – What?

Céard? – What?

Cathain? – When?

Cén t-am? – At what time?

Cá? / Cár? – Where?

Cén fáth? – Why?

Conas? – How?

Cén chaoi? – How?

Cé mhéad? – How much? / How many?

137

ABAIRTÍ

Bain úsáid as an bhfoclóir thíos chun *Abairtí Iontacha* a dhéanamh.

BRIATHAR + DUINE nó AINMHÍ

Bhailigh	Fuair	an dochtúir	an rúnaí
Bhí	Ghlaoigh	an bhanaltra	an madra
Bhris	Ghlan	an múinteoir	bean an phoist
Bhuail	Léigh	an buachaill	an príomhoide
Chaith	Léim	an cailín	an feirmeoir
Chas	Phioc	na páistí	an seanfhear
Cheannaigh	Rinne	an garda	an tseanbhean
Chuala	Rith	an freastalaí	an saighdiúir
Chuir	Rug	an píolóta	an bhean óg
Chonaic	Scríobh	an sagart	an fear
Chuaigh	Sheas	an tiománaí	Mamaí
Chríochnaigh	Shiúil	an capall	Daidí
D'éirigh	Shuigh	an cat	na leanaí
D'eitil	Tháinig		
D'éist	Tharraing		
D'fhéach	Thit	**Foclóir Breise**	
Dhún	Thóg	an scoil	an leabhar
D'ith	Thosaigh	an doras	an ceapaire
D'oscail	Thug	an teilifís	an liathróid
		an cupán	an litir
		brioscaí	an fhuinneog